# 말투의 편집

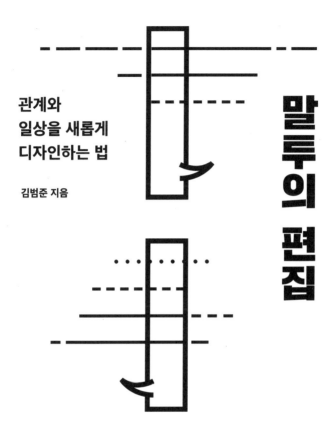

관계와
일상을 새롭게
디자인하는 법

김범준 지음

# 말투의 편집

ʚ현암사

# 차례

# ─ 말투가 나를 만든다

### 국회의원을 '그리도' 하고 싶다면……

누가 우리 지역의 일꾼이 될까. 후보자들이 플래카드에 써놓은 공약을 보면서, 그리고 이미 집으로 배송된 후보자 홍보물을 보면서 꽤 긴 시간을 고민한다. 좋은 사람을 뽑고 싶어서다. 결과가 궁금하다. 대략 누가 될 것인지 정도는 예측 가능하다. 후보자들이 쏟아낸 말, 그리고 그 과정에서 보여준 말투를 봤기 때문에.

말투는 사람을 만든다. 말은 한 사람의 철학을 그대로 드러낸다. 말투는 그 한 사람이 빈곤의 철학을 갖고 있는지, 풍요의 철학을 갖고 있는지를 구별해주기도 하고, 지적 능력과 사람됨을 드러내는 객관적인 자료가 되기도 한다. 그러니 후보자와 후보자가 속한 정당의 말과 말투를 보아온 유권자들이 자신의 한 표를 어디에 주어야 할지 판단하는 게 어려울 리가 없다. 국회의원이 되고 싶다면? 말투를 바꾸면 된다.

### '뽀샵 말투', '메이크업 말투' 그리고 '편집 말투'

'을(乙)'의 입장에서 일을 할 때의 얘기다. 함께 협력을 진행해야 할 누군가와 이런저런 협의를 하게 되었다. 그쪽이 '갑(甲)'이었다. 복잡한 사안들이 있었던 것만큼 지루한 시간들이 지나갔다. 그러던 어느 날 그쪽으로부터 한 통의 메일을 받았다. "당신의 거짓으로 인해 내가 혼란스러워졌다." 갑자기 거짓말쟁이, 사기꾼이 되어버린 것이다. '갑인 자신의 마음대로 을이 움직이지 않음'을 두고 그는 '거짓'이라고 말해버린 것이다. 나는 과연 어떻게 반응했을 것 같은가. 아니, 그보다 갑이 무엇을 얻어냈는지를 생각해보자. "거짓말하지 말라!"라며 상대방을 함부로 비하함에서 얻게 된 쾌감?

주어진 사회적 위치 속에서 '좀 더 나은 말투'를 사용하는 것은 사회를 살아가는 인간의 기본적 자세다. 상황에 맞는 말을 선택함으로 '그냥 나'를 '더 나은 나'로 만드는 이런 말투를 나는 '메이크업 말투' 혹은 '뽀샵 말투', 좀 더 격조 있게(?) 표현한다면 '편집 말투'라고 말한다. 누군가와 좋은 관계를 맺고 싶다면, 신뢰를 얻고 싶다면, 말투를 '메이크업'해야 한다. '뽀샵'해야 하고 '편집'할 줄 알아야 한다.

### 삶의 기술로서의 '말투의 편집'

'어떻게 살아야 하는가?'에 대해 고민을 할 줄 아는 사람이라면 다른 것은 모두 제쳐두고 자신의 말투부터 고쳐내야 한다. '내가 왜 누군가에게 환영받지 못하고 있는지', '왜 그들이 나를 피해 다니는지', '왜 그들의 모습에서 웃음이 보이지 않는지' 등을 궁금해하기 이전에 자신의 말투가 과연 '제대로 된 말투'인지 고민해보는 게 맞다. 말투는 삶의 기술이기 때문이다.

좋은 건축주가 좋은 건물을 만들어내듯이, 좋은 사람이 좋은 말투를 만들어낸다. 하지만 가끔은 좋은 건물이 좋은 건축주를 만들어내기도 한다. 좋은 말투만 갖춰도 좋은 사람이 될 수 있다. 나를 만드는 건 내가 가진 돈, 나의 나이, 내가 맡고 있는 직책 등이 아니다. 나를 만드는 건 내 말투다. 말투 때문에 '갑질'이나 하는 사람으로 비웃음의 대상이 되기 싫다면, 국회의원에 낙선이나 하고 싶지 않다면, 말투를 돌아봐야 한다. 말투 덕분에 더 괜찮은 사람이 되고 싶다면 말투를 공부해야 한다. 말투, 모든 것의 시작이고 끝이다.

나의 말투가 누군가에게 '당황'이 아닌
'행복'이 되기를 바라면서
김범준

"

가장 곤란한 것은
모든 사람이 생각하지 않고
나오는 대로 말하는 것이다.

_ 알랭 (프랑스의 철학자)

"

# 1장

# 선택과
# 집중으로
# 일상을 바꾼다

# ❶ 심플할수록 품격이 생긴다

### 없애면 올라간다

내 스마트폰은 최신형이다. 그래서 아주 많은 기능이 있고, 메모리 용량도 넉넉하다. 애플리케이션을 아무리 설치해도 문제가 없을 것이다.

그럼에도 나는 스마트폰의 첫 화면을 허전할 정도로 비워둔다. 전화, 메시지, 주소록, 카메라, 갤러리(앨범). 다섯 가지만 배치했다.

다음 화면도 마찬가지다. 캘린더 애플리케이션을 4×4 배열로 설치했으니 꽉 찬 느낌이 나지만, 그 외의 모든 애플리케이션은 모두 3~4개의 폴더에 몰아넣어 버렸다. 누군가 내 스마트폰을 빌려서 "급히 검색해야 할 게 있는데, 네이버 앱은 어디 있어?"라고 묻는다면, 나는 이렇게 대답해야 한다.

"거기 '잡동사니' 폴더에 들어가 봐. 잘 찾아보면 있을 거야."

누군가는 불편하다고 말할지 모르겠지만, 이것은 나만의 일상을 지키기 위한 전략적 선택이다. 스마트폰의 애플리케이션을 바로바로 눈에 띄게 배치하는 게 생활의 편의를 위해 좋다고 말하는 사람이 대부분이다. 그러나 나는 그들이 말하는 삶의 편의가 오히려 일상을 복잡하게 만들어서 싫다.

눈이 가면 클릭하게 되고, 클릭하면 또 그 애플리케이션의 플랫폼 속에서 헤매게 되니 그건 나 자신을 위한 일이 아니라고 생각한다. 끌려다니게 될 뿐이다. 봐도 그만 안 봐도 그만인 것을 보고, 해도 그만 안 해도 그만인 것을 하고. 그 시간과 품은 어디로 사라지는 걸까. 나는 나만의 일상을 유지하기 위해 스마트폰의 첫 화면을 단순화했다.

그래서 좋아진 점이 뭐냐고? 일상에 즉각 필요한 것보다 진정으로 중요한 것들에 집중할 수 있게 되었다. 해야 할 것이 적어지고, 좋아하는 것들을 더 즐길 수 있게 되었다. 무식한 단순함이라는 말처럼, 나의 잘라내기가 이제는 괜찮은 간결함으로 레벨 업 되면서 삶의 품격이 상향 조정되었다.

복잡한 삶을 효율적으로 만들거나 내 삶의 품격에 도움이 안 되는 것들을 제거하는 일은 단지 스마트폰 정리만이 아닐 것이다.

### 말투는 바로 나

나를 지키고 나의 일상을 품위 있게 만드는 일에 필수인 것이 있으니, 그건 바로 '말투'다. 말투의 사전적 의미는 한 사람의 말에서 드러나는 독특한 방식이나 느낌이다. 내가 하는 말, 그것을 담는 투. 말투를 보면 사람이 보인다. 장황하게 말하는 사람, 간략하게 말하는 사람, 욕을 섞어 쓰는 사람, 어떤 상황에서도 부드럽게 말하는 사람, 톡톡 쏘듯이 말하는 사람, 툭툭 던지듯 말하는 사람 등등. 우리는 각자 어떤 말투를 쓰고 있을까? 내 말투는 남에게 어떤 느낌으로 다가갈까?

관계 속에서 나는 내 말투로 정의된다.

아주 일상적인 인사말부터 진심을 담은 이야기까지, 우리는 말, 때로는 글로 소통한다. 그래서 말투는 중요하다. 말투에 따라 나의 이미지가 규정되고, 관계의 질이 결정되고, 내 위치가 달라지고, 때로는 원하는 것을 더 손쉽게 얻거나 잃을 수도 있다. 그래서 우리는 말투에 신경을 써야 한다.

누구에게나 호감인 완벽한 말투는 없다. 완벽한 사람이 없는 것처럼 말이다. 하지만 누구나 말투를 다듬어 사회 속에서 더 나은 사람이 될 수는 있다. 그게 바로 말투의 편집이 필요한 이유다. 어떻게 편집하고, 편집하느냐에 따라 내게 더 맞는 사람을 만나고, 더 즐거운 대화를 나누고, 더 나은 삶을 살 수 있다.

### 말투 편집의 핵심

말투를 편집한다는 것은 말을 그저 예쁘게 하는 것이 아니다. 그 이상의 중요한 뜻이 담겨 있다. 말 한 마디에는 그 말을 하게 된 과정과 목적, 그 아래 깔린 의도나 감정 상태, 상대에 대한 호의나 적개심까지, 모두 응축되어 있다. 단순한 인사나 가벼운 말조차도 그렇다. 이렇게 중요한, '말'이라는 것을 담는 그릇이 바로 말투이다.

그렇다면 우리는 어떤 그릇에 말을 담아야 할까? 어떻게 편집해야 내 그릇이 더 아름다워질까? 말투를 편집한다고 했을 때, 핵심은 무엇일까?

우선 첫째는, 간결함이다. 무조건 간결해야 한다. 말투가 복잡하다 못해 지저분하면 일상 역시 그렇거나 그렇게 될 가능성이 크다. 예전의 내가 그랬다. 쓸데없는 말을 남발하며 일상을 지저분하게 만들었다. 가만히 있으면 중간은 갈 텐데 괜한 말로 상대방은 물론이고, 나자신에게도 해를 끼친 적이 한두 번이 아니었다.

어느 중학교 선생님과 대화를 나누다 간결한 말투가 일상의 편집에 절대적으로 필요하다는 사실을 절감한 경험이 있다. 나는 그를 독서 모임에서 만났는데, 아이들과 함께 수업을 하면서 성장하는 모습을 지켜보는 게 얼마나 멋진 일이냐며 교사 생활이 부럽다고 말한 게 대화의 시작이었다.

그런데 내 말이 끝나기도 전에 그의 표정이 갑자기 어두워지더니 잘 모르는 소리라며 머리를 흔들었다.

"교사가 되기 전까지는 저 역시 아이들과 함께하는 시간을 즐길 준비가 되어 있다고 생각했습니다. 그런 시간은 교사 본연의 역할인 수업에서 이루어져요. 하지만, 수업에 매진할 수 있는 여건을 충분히 갖춘 교사는 많지 않습니다."

도대체 이게 무슨 말인지, 선생님에게 수업보다 더 중요한 것이 있다는 것인가? 처음에는 이해가 되지 않았다. 알고 보니 교사들이 가장 꺼려하는 것은 학생도 학부모도 교장 선생님도 아니라 '공문'이란다.

학기 초가 되면 무수히 쏟아지는 공문 때문에 아이들과의 수업은 뒷전으로 밀릴 수밖에 없다고 했다. '공문과의 싸움'이라고 불러도 될 만큼 교사들에게는 공문 자체가 부담이라는 것이다.

공문은 교사의 마음가짐을 무너뜨리고, 서류 작성에 매몰되게 하고, 교사들이 원하는 진짜 행복을 빼앗고, 결국 아이들에 대한 관심과 애정이 줄어들게 만든다는 게 그의 하소연이었다.

학교의 최고 의사결정권자인 교장 선생님이나 교육
감이 이런 사정을 모르는 것도 아니란다. 그래서 교육감
이나 교장 선생님이 취임을 할 때면 너나없이 '교사들이
본연의 일을 할 수 있는 교육 현장을 만들도록 최선을
다하겠다'는 말이 빠지지 않는다는 것이다.

그러나 그런 약속은 번번이 상부에서 내려오는 공문
서 작성 명령에 무너지고, 아이들의 학습 환경은 그만큼
악화될 수밖에 없다고 한다.

### 자기 자신을 믿고 침묵을 선택하라

가장 중요한 일을 하지 못할 만큼 시간을 들여야 하는
쓸데없는 일. 나는 그런 상황을 말투에 적용해 생각해보
았다. 나의 말투가 혹시 누군가에게 '불필요한 공문'과도
같은 건 아니었을까? 상대방이 가장 중요하게 여기는
게 무엇인지는 무시한 채 내 마음대로 말해놓고, 그것이
상대방을 위해 도움이 된다고 생각한 경우가 많았던 건
아닐까?

쓸데없는 말을 하느라 정작 해야 할 말은 했는지 안
했는지도 모르는 내가 보였다. 길고 길게 말을 마치고 난

뒤의 그 찜찜함. 나는 내 말의 문제를 고쳐야겠다고 절실히 느꼈다. 다른 것은 몰라도 상대방에게 답답함을 주는 불필요한 말들을 줄이려는 노력이 필요하다고 생각했다. 그렇다. 나의 말투에서 가장 필요한 것은 간결함이었다. 단순함이라고 표현해도 좋겠다. 필요 없는 말을 없애고, 필요한 말에 집중하기. 말투의 편집이 필요했다.

불필요한 말이 줄어들 때 비로소 내 말을 듣는 상대방역시 자신이 나와 소통한다는 느낌을 받을 테고, 나와 상대방의 대화에는 품격이 생길 것이다. 나아가 따뜻한 시선을 잃지 않으며 서로를 존중하는 시간이 될 것이다.

이렇듯 말투 하나에도 나 자신을 지키고, 나아가 나와 마주하고 있는 상대방을 지키며, 서로의 품격을 높이는 대화의 디자인이 필요하다.

물론 그렇다고 해서 말을 무조건 줄이자는 얘기는 결코 아니다. 나의 말을 줄이고, 상대의 말에만 귀를 기울이겠다는 마음가짐이 때로는 대화에 문제를 가져오는 경우도 많으니 말이다.

예를 들어보자. 나는 상담심리에 흥미를 느껴서 대학원에서 여러 관련 과목을 수강했다. 그러는 과정에서 상담사가 쓰는 대화법에 흥미를 느꼈다.

상담심리학의 원리에 따르면, 상담사는 내담자 스스로가 자신의 문제를 해결할 잠재력이 있다고 믿게 만들어야 한다. 하지만 그렇다고 해서 만나자마자 "상담사는 해답을 제시하지 않습니다. 그러니 당신의 경험을 말씀해주시면 됩니다"라고 강한 어조로 못 박는다면 내담자는 오히려 더 많이 불안해질 수 있다.

훌륭한 상담사는 내담자에게 관심과 호의를 갖고, 내담자의 마음이 열리도록 기다리며 꼭 필요한 말만 한다. 즉, 말을 줄인다는 것은 무작정 입을 닫고 상대방 얼굴만 쳐다보는 것이 아니라 간결하고, 정확하게 필요한 말을 한다는 뜻이다.

심플해야 한다는 원칙을 지키기 위해 특별하게 멋진 말을 구사할 필요는 없다. 그저 문제의 본질을 깨닫고, 가장 중요한 말을 최대한 간결하게 표현하면 된다.

'명료하다'라는 말이 있다. '분명하고 또렷하다'는 뜻으로, 흔히 '간단명료하다'는 표현으로 쓰인다. 진리는 언제나 간단명료하다. 짧되 핵심에 집중하는 명료한 말투가 복잡한 문제를 간단하게 정리하고, 결국 나의 일상을,

나아가 나의 삶 전체를 수준 높은 형태로 디자인한다.

그뿐만이 아니다. 모든 사람이 이렇게 또렷한 말투를 쓰려고 노력한다면 세상의 대화는 좀 더 군더더기 없이 진실해지고, 사람 사이의 오해와 갈등과 반목도 줄어들지 않을까? 성공철학의 거장인 나폴레온 힐은 이렇게 말한다.

"지혜로운 사람은 말을 해야 할지, 아니면 침묵을 지켜야 할지 망설이게 될 때 자기 자신을 믿고 침묵을 선택한다."

여기서의 침묵은 역시, 아예 말하지 않는 것이 아니라 신중하게 생각해 간결한 말투로 말한다는 뜻에 가깝다.

---

**SPEECH EDITING**

최대한 심플하게 말하라. 멋진 말로 장황하게 늘어놓는 장광설은 필요 없다. 핵심에 집중하는 명료한 말투가 나의 일상을, 나아가 인생 전체를 수준 높은 삶으로 디자인한다.

---

## ❷ 말할 때도 들을 때도 핵심으로 소통하라

### 목표와 범위를 좁히면 명확해진다

봄은 그냥 오지 않고, '꽃샘추위'와 함께 온다. 꽃샘추위란 봄철의 날씨가 꽃이 피는 것을 시샘하듯 일시적으로 갑자기 추워지는 현상을 말한다.

생각해보면 추위 중에 가장 혹독한 것이 꽃샘추위가 아닌가 싶다. 꽃샘추위에 당하고 나면 정신까지 얼얼하다. 겨우내 웅크렸던 몸과 마음을 활짝 펴려는 시점에 반복적으로 찬 바람이 부니 적응도 힘들다.

그러면 몸은 물론이고 마음까지 움츠러든다. 하늘은 봄을 선물하려면 그냥 얌전히 줄 것이지 왜 꽃샘추위를 섞어서 주는 것일까? 그런데 여기서 의문이 하나 생긴다. 꽃샘추위가 온다고 씨앗들이 싹을 틔우는 걸 포기할까?

아니다. 생명은 그러지 않는다. 작은 씨앗 하나가 긴 겨울을 이겨내고 결국 얼어붙은 흙까지 뚫고 나오는 걸 보면 정말 대단하다. 씨앗은 어찌 됐건 싹을 틔우고 성장하려고 한다. 오직 목표는 그것뿐이다. 어쩌면 목표가 간단하고 정확하기에 땅을 뚫고 나오는 힘이 역동적인 것일지도 모르겠다.

이는 자신에게 주어진 많은 것들 중에서 과연 무엇이 제일 중요한지를 깨닫고, 그것을 추슬러 핵심에 집중하는 게 중요하다는 사실을 의미한다.

목표가 분명할수록 그것을 이루려는 힘은 막강해진다. 말투 역시 마찬가지다. 쉬운 예를 보자. 회사의 어느 부서에서 회식 장소를 정한다고 해보자. 다음 두 가지 중에 어느 것이 대화의 목표에 도달할 확률이 높을까?

1) 뭐 먹지? 김 대리는 뭐 먹고 싶어? 이 과장은 집이 머니, 집에서 가까운 곳이 좋겠지?

2) 무엇을 먹을까? 일단 회사에서 걸어갈 수 있는 곳으로 잡는 게 어떨까?

두 번째 대화가 목표인 회식 장소를 정하는 일에 좀 더 쉽게 다가서는 방법이다. 대화를 이끌어 나가려면 일단 범위를 좁혀야 한다.

장소, 시간, 그리고 개인의 취향까지 모두 고려해서 회식 장소를 정하다 보면, 중구난방으로 의견이 나오게 마련이다. 반대로 심플하게 장소를 확정해두는 정도만으로도 결론은 금방 나온다.

## 윈윈(win-win)이 되는 말투로 승부하라

모두에게 유리한 말투에는 필요한 것이 있다. '많이, 정신없이' 말하지 말고, '적게, 핵심만' 말해야 한다. 대화를 풍요롭게 하고 나와 상대방 모두가 품격 있는 시간을 보내려면, 서로의 말투에서 불필요한 것들을 아낌없이 제거해내는 걸 고민해야 한다.

대부분의 사람들이 대화와 소통을 이렇게 오해한다.

"내가 가진 많은 것들을 쏟아부으면 성과를 얻는다."

착각이다. 다음의 사례를 보면서, 어떤 말투가 상대방과의 대화를 풍요롭게 했는지 확인해보자.

〔사례①〕

**고객** : 의자 좀 보려고 하는데요.

**직원** : 의자요? 이거 어떠세요? 요즘 북유럽에서 유행 중인 모델인데요…….

**고객** : 집에서 아이의 책상 의자로 사용할 거라 좀 저렴했으면 해요.

**직원** : 요즘엔 가격보다 기능이죠. 브랜드도 매우 중요합니다. 가격은 좀 비싼 편이지만 디자인이 예뻐 인기가 많습니다. 한번 앉아보세요.

**고객** : 네, 아이가 앉을 의자라…….

**직원** : 그럼, 이 의자는 어떠세요? 책상과 세트로 할인 판매 중인데, 이 기회에 장만하시면…….

**고객** : …….

〔사례②〕

**고객** : 의자 좀 보려고요.

**직원** : 누가 사용하는지 여쭤봐도 될까요?

**고객** : 우리 아이가 이번에 고3으로 올라가는데, 의
자를 바꿔줄까 해서요.

**직원** : 요즘 고3 학생들에게 최고로 잘 나가는 의
자는 이 모델입니다.

**고객** : 그래요?

**직원** : 네. 아주 편해서 오래 앉아 있어도 허리도 안
아프고, 고3이면 특히 의자가 편해야 하거든
요. 써보신 분들이 많이 만족하세요.

**고객** : 좋군요. 그럼 바로 배송이 가능한가요?

〔사례①〕의 경우, 점원의 태도는 말이 길기만 하고 임팩
트가 없다. 결국 고객은 결정을 내리지 못한 채 점원의
말이 강요로 들리는 말투만 경험한 셈이 된다.

〔사례②〕는 다르다. 고객과 점원 모두에게 '윈윈'이다.
점원은 고객의 니즈를 파악하고 곧바로 핵심을 맞춰 간
결하게 설명했고, 고객은 상품에 대한 고민과 대화의 목

적을 빠르게 해결했다.

〔사례①〕이 점원의 입장에서는 열심히 설득하는 것이었겠지만, 고객의 니즈 파악에는 실패했다. 〔사례②〕의 점원은 쉬운 말로 고객이 무엇을 원하는지를 간파했다는 사실을 기억해야 한다.

팔아야 생존하는 시대라는 말이 있다. 하지만 사려는 사람의 생각을 염두에 두고 팔려는 사람은 그리 많지 않다. '판매 매뉴얼'에 따라 기계적으로 팔려는 세일즈 기법에 의존하다 보니, 고객을 진심으로 생각하고 배려하는 표현을 등한시하는 경우가 많다.

〔사례②〕처럼 고객이 원하는 바를 먼저 파악해낼 줄 알아야 한다. 알맹이는 없고 쓸데없이 길기만 하면 지루해진 고객은 저절로 멀어진다.

내가 말하려는 것이 100가지라면, 그중에 90가지 이상을 제거하고 나머지 10만 말해야 한다. 이때의 10에 말하려는 이유가 모두 포함된 간결하면서도 핵심이 담겨야 한다. 상대는 나를 기다려주지 않는다. 특히 내가 갑이 아닌 을의 입장에 있다면 용건만 간단히, 해야 할 말을 임팩트 있게 전달하는 말투를 연습해두어야 한다.

무작정 한꺼번에 많은 것을 전달하려고 애를 쓰거나 거창한 명분을 붙여서 말하려고 힘쓰지 말고, 상대가 듣기를 원하는 핵심 내용이 무엇인지를 파악하는 훈련이 우선되어야 한다. 그것이 바로 간결한 말투 편집의 기본이다.

**SPEECH EDITING**

내가 말하려는 것이 100가지라면 그중에 10가지만 말하라. 무작정 한꺼번에 많은 것을 전달하려고 애쓰지 말고, 상대가 듣기를 원하는 핵심이 무엇인지 파악해서 그것을 강하게 전달하라.

# ❸ 말투 하나로 스타일을 바꾼다

### 매일매일 말투를 살핀다

말은 어떻게 편집하느냐에 따라 전혀 다르게 전달된다. '썩는다'와 '삭히다'라는 두 단어가 있다. 앞의 말은 더 이상 사용할 수 없는 것이 된다는 '부패'의 뜻이지만, 뒤의 말은 새로운 탄생을 의미하는 '발효'의 뜻이다.

말투 역시 마찬가지다. 나의 말투를 편집한다는 것은 나의 말을 부패한 것으로 표현할지, 아니면 새로운 탄생으로 표현할지 중에서 선택하는 것과 같다.

이렇게 보면 말투 편집은 하나의 상징과도 같은 활동

이다. 즉, 말투는 나의 삶을 다채롭게 장식하는 하나의 방법이다. 나의 말투가 모이고 모인다면, 하나의 스타일로 정형화될 것이다.

그렇다면 나 자신에게 물어보자. 나의 말투는 어떤 스타일인가? 세상에 어떻게 보이고, 또 사람들에게 어떤 영향력을 미치고 있는가?

나는 누군가에게 부패한 말투로 기억되기 싫다. 나와 대화를 하는 모든 사람이 나의 말투에서 희망을 보고, 긍정을 느끼며, 새로운 무엇인가를 기대하기를 바란다.

이것이 바로 매순간, 말 한 마디에 관심을 기울이지 않으면 안 되는 이유다. 어떻게 말투를 편집할지에 따라 나라는 존재가 결정된다는 것을 인정하고, 늘 조심해야 하는 이유이기도 하다.

그래서 중요한 말이 있다. '매일매일'이라는 단어다. 말투를 품격 있게 디자인하고 싶다면 자신의 말투를 매일매일 유심히 살펴보려는 노력이 필수다.

긍정적이면서도 품위 있는 말투를 사용하는 태도는 '매일매일'이라는 시간적 조건과 결합될 때 비로소 나를 특별하게 만든다. 이것은 결코 선천적인 능력이 아니다.

노력하면 누구나 달성할 수 있는 목표다.

말투뿐일까? 세상 모든 일이 마찬가지다. 커피와 빵을 파는, 그래서 나름대로 인지도를 얻고 성장하며 발전하고 있는 한 기업의 대표가 인터뷰를 한 걸 본 적이 있다. 그는 자신의 성공에 대단한 비결이 있다고 말하지 않았다. 오직 매일매일 해야 할 일에 충실했을 뿐이라고 말한다.

특이한 점이 있다면, 그는 일기처럼 매일 '제빵 작업일지'를 썼다는 것이다. 기업의 브랜드를 대표하는 빵을 만들기 위해서는 그 빵을 매일 재현할 수 있어야 하는데, 그것을 위해 필요한 것이 '일지'라는 말이었다. 그가 매일 쓴 일지는 우리에게는 매일 사용하는 말투를 '돌아보는' 연습과 같은 의미다.

### 매일매일 내 말투의 문제를 하나씩 해결한다

그의 말 중에 하나가 특히 기억에 남는다.

"예쁘면 지속해서 같은 형태가 유지되어야 예쁜 스타일을 만들 수 있고, 귀여우면 지속해서 같은 형태가 유지되어야 귀여운 스타일이 된다."

지속적으로 동일한 형태가 유지되는 것을 '스타일'이라고 하는데, 스타일이 어느 날은 이렇고 또 다른 어느 날은 저렇고 해서는 절대 브랜드를 유지할 수 없다는 그의 통찰이 핫한 기업의 대표답다는 생각이 들었다.

　그의 말에 고개를 끄덕이다 문득 최근 내가 본 다른 기업의 사례가 생각이 났다.

　어느 토요일 아침, 아내가 흔들어 깨웠다.

　"몇 시야?"

　"아홉 시야!"

　"더 잘래!"

　"밥 먹고 자!"

　실랑이가 오고가다가 눈을 비비고 일어났다. 터덜터덜 식탁으로 갔더니 갈비탕이 준비되어 있었다.

　"아침부터 무슨 갈비탕을? 너무 헤비하잖아."

　아내가 말하기를, 아무 얘기 말고 먹기나 하란다. 그래야지. 밥을 해준 것만도 고마운 일이니까. 못 이기는 척하며 국물을 떠서 입에 넣다가 눈을 번쩍 떴다.

　"어? 이거 뭐야?"

　"맛있지?"

"괜찮은데? 집에서 한 거야?"

"이걸 집에서 어떻게 할 수 있겠어."

그리고 뒤이어 나온 말은, 그렇잖아도 나의 '추억의 스타'였는데 '지금도 스타'인 전지현 씨가 광고 모델로 나와 유심히 지켜보고 있었던 한 브랜드의 이름이었다.

이 회사는 '신선함을 문 앞까지'라는 캐치프레이즈를 내걸고, 밤 11시 전에 주문한 식품 및 식재료를 다음 날 아침 7시 전에 문 앞에 배달해주면서 '폭발 성장' 중이다.

창업한 지 4년이 되었는데, 창업 첫해 30억 원의 매출에서 불과 3년 만인 2018년에는 1,500억 원, 2019년 4,300억 원 그리고 2020년에는 더 큰 폭의 성장을 기록 중이라는 기사를 본 적이 있다.

기업의 성장이야 내 관심사가 아니니 잘 모르지만, 갈비탕은 확실히 밖에서 사 먹는 그 어떤 갈비탕보다도 맛있었다.

맛있으니까, 관심이 더 생겼다. 이런 회사를 만들어낸 사람이 궁금했다. 그런데 놀라웠다. 유통업계가 워낙 남초 현상이 심한 곳이라 업계에서 잔뼈가 굵은 남성일 줄 알았는데, 평범한 회사에 다니다 창업한 여성이 회사의 대표였다.

역시 검색을 해보니, 해당 기업의 창업주가 강연하는 모습의 동영상이 주르륵 올라왔다.

유심히 동영상을 봤다. 이 기업의 성공 비결이 무엇이었을까? 혁신? 창조? 창의? 자본? 모두 아니었다. 이 기업의 성공 키워드를 굳이 꼽는다면 '하루에 하나씩 성장해가는 태도'였다.

그녀는 이렇게 말했다.


"저와 우리 회사는 창업 후부터 지금까지 딱 한 가지 일을 해왔던 것 같습니다. 그건 바로 매일매일 우리에게 중요한 한 가지 문제를 풀었던 것입니다."


그녀는 자신에게 중요한 한 가지 문제를 매일 푸는 것이 성공의 비결이라고 했다. 여기서 '자신'은 회사일 수 있고, 평범한 개인일 수도 있겠다. 하여간 그녀는 자신에게 주어진 문제를 '하루에 하나씩' 착실하게 풀어감으로써 기적과도 같은 성장을 이루어냈다.

그렇다. 여기서도 '매일매일'이라는 말이 등장한다. 그녀의 말을 들으며 나는 뜨끔했다. 나는 어제, 오늘, 그리고 내일, 그렇게 매일매일 나에게 주어진 문제를 '해결'하면서 살아가고 있는 걸까?

혹시 '매일매일' 나에게 주어진 문제를 '뭉개면서' 지내고 있지는 않은가? 아니, 그 전에 '매일매일' 나에게 중요한 한 가지 문제를 제대로 파악이나 하고 있는가?

일뿐만이 아니다. 나의 말투는 또 어떠했는가? 과연 세상이 나를 품위 있는 사람으로 보도록 매일매일 나의 말투를 편집하고 있었나?

오늘 하루 나의 말투 습관을 돌아보자. 업무와 관련된 설명을 두서없이 늘어놓다가 다시 한번 말해달라는 요청을 듣지 않았는지 아니면, 회의 중 다른 사람의 의견에 시큰둥하며 비난의 말을 쏟아내지 않았는지 말이다. 매일매일 하나씩의 변화라는 목표를 향해 발걸음했던 앞의 기업 대표의 말을 가슴 깊이 새겨보며, 나의 말투 문제를 하나씩 해결하자.

## 작은 다짐들이 쌓이고 또 쌓여서

자신에게 가장 중요한 문제가 무엇인지를 생각해보고, 그것을 하루에 하나씩이라도 풀다 보면 나 자신은 물론 옆에 있는 사람도 좋아지고, 내가 일하고 있는 회사도 성장하며, 결국 우리가 사는 세상도 좋아질 것 같다는 생각에 이른다. 이런 생각은 말투를 편집할 때도 마찬가지다.

그런데 궁금증이 생긴다. 하루에 하나씩 무엇인가를 풀어야 하는데, 도대체 무엇부터 풀어야 할지 모르겠다는 게 문제다. 자신의 일도 그렇고, 어떻게 말투를 편집해야 할지 모르겠다면 해결 방법이 하나 있다.

그건 바로 자신이 오늘 해야 할 일을 정해 직접 말해보는 것이다. 예를 들어 '니는 오늘'이라고 시작하는 문장을 머릿속으로 떠올리고, 주저하지 말고 당당한 말투로 입 밖으로 꺼내보면 어떨까?

> "나는 오늘 출근길 버스에 오르면서 기사님에게 '안녕하세요'라고 인사할 거야."
> "나는 오늘 며칠 동안 정리하지 못했던 고객 주소

록을 정리할 거야."

"나는 오늘부터 부모님께 저녁에 한 번씩 전화를 해서 다정하게 안부를 물을 거야."

내 일상의 일들을 여유를 가지고 바라보되 그중의 하나만큼은 양보하지 않기로 결심하고, 그것을 멋지고 당당한 말투로 표현한다면 나의 성장은 물론이고 내 주변의 세상이 좀 더 나아지는 데 기여하지 않을까?

우선 나부터 실천해보기로 결심했다. 이렇게 말이다.

첫째, 아침에 일터로 출근해서 하루 일과를 시작하기 전에 잠시 눈을 감고 심호흡을 한다.

둘째, 오늘 하루 중 나에게 중요한 한 가지 문제를 반드시 풀겠다고 다짐한다.

셋째, 찾아낸 문제를 해결하겠다는 의지를 누구에게라도 좋으니 말해본다. 가령 이렇게 말이다.

"나는 오늘 우리가 실패했던 마케팅안을 분석해보기로 했어."

매일매일 나를 나아지게 하려는 이런 작은 다짐과 훈련이 습관이 되어 쌓이고 또 쌓여서 1년 후, 3년 후, 10년 후의 나를 엄청난 변화의 주인공으로 만들 것이다.

## SPEECH EDITING

복잡하게 생각하지 마라. 하루에 하나씩 문제를 풀며 성장해가려는 태도가 중요하다. 매일매일 내 말투 습관 중 하나에 집중하는 것, 그것이 말투, 나아가 일상의 편집에서 가장 중요한 해결책이다.

## ❹ 분명히
## 나만의 보석이 있음에도

**나 자신을 내가 지키지 못하면 생기는 일들**

직장인으로서 후회하는 일이 있다. 내 이름 하나를 지켜 내는 일에 성공하지 못한 것이다. '잘 나가는 사람', '입이 무거운 사람', '신뢰할 수 있는 사람' 등의 모습으로 평가 받고 싶었지만, 실상은 '재미있는 사람', '편안한 사람', '만만한 사람' 같은 이미지를 남긴 것 같아서 아쉬움이 크다.

이유가 뭘까? 나의 시간 하나하나를, 그리고 나의 공간 하나하나를 만만하게 다루며 살아왔기 때문일 것이다. 특히 직장에서 말투를 편집하는 데 실패한 점이 아쉽다.

나의 특징을 장점으로 전환하려는 노력에 소홀했던 부분도 그렇다. 나 자신은 내가 지켜야 했다. 나라는 존재를 긍정적이면서도 괜찮은 사람으로 표현하는 말투를 사용해야 했다. 예를 들면, 나는 직장생활을 하면서 다음과 같은 말을 자신 있게 꺼내지 못했다.

"저는 보고서 작성 하나만큼은 최고라고 자부합니다."

"다른 건 몰라도 계산의 정확성 하나는 뛰어납니다."

"누군가의 믿음을 저버리는 일은, 저에겐 없을 것입니다."

나는 왜 이런 말들을 하지 못했던 것일까? 괜한 자존심 때문이었을까? 아니면 어색함 때문이었을까? 내가 뱉는 말, 그리고 그 말들의 말투 하나하나의 중요성을 몰랐던 그 수없이 많은 시간들이 안타깝다.

나의 이름에 책임을 지고, 나의 존재를 적절한 말투로 멋지게 드러내며 타인과의 대화를 진행해야 했다. 그때 그말을 꼭 했어야 했는데 하는 후회만 남는다. 말투 편

집에 소극적이었던 나는 그 결과, '딱 그만큼의 취급'을
받을 수밖에 없었다.

## 내가 고집하는 나만의 타이틀

처음 작가로 데뷔할 때 나는 나의 존재를 어떻게 드러내
야 할지 몰라 당황했다. 나는 10여 년 전 출간된 첫 책에
가명을 쓰려고 했다. 그만큼 내 이름에 대한 자신감이 부
족했던 것이다. 지금 생각하면 참으로 어이없는 일이다.

나의 첫 책은 일종의 반성문과 같은 내용을 담고 있었
다. 나는 물론이고 내가 몸담은 조직의 커뮤니케이션 문
제를 위한 퍽 괜찮은 솔루션을 담은 원고였다. 그건 자
랑의 대상이지 회피의 대상은 아니었다.

그런데 나는 너무 자신이 없어서 그랬는지 세상에 나
를 드러내는 일에 망설였다. 아마 그때 내 이름을 포기
하고 가명을 택했더라면 지금처럼 '커뮤니케이션 전문
가 김범준'이라는 타이틀은 얻지 못했을 것이다.

자신을 드러내는 표현은커녕 이름 하나 제대로 드러
내지 못하는 내가 세상 사람들과 소통하는 일은 불가능
했을 것이다. 다행히 그때 내 이름을 적극적으로 PR해야

한다고 말하는 편집자가 있었고, 그의 말에 용기를 얻어 '김범준'이라는 이름 석 자를 당당하게 책 표지에 냈다.

그 이후로 나는 '김범준'이라는 이름이 브랜드가 되는 짜릿한 경험을 할 수 있었다. 되돌아보면, 나는 책 출간에 따른 혹시 모를 부작용을 걱정했던 것 같다. 서평에 올라올 수많은 악플이 겁났기에 가명 뒤로 숨고 싶었던 것이 아닐까 싶다.

물론 책을 출간하고 나서, 설령 악플일지라도 독자들의 서평을 얻는 것이 얼마나 대단한 일인지를 깨달았지만, 그때는 그게 정말로 두려웠다.

어쨌거나 지금은 안다. 자신의 존재를 드러내는 일은 자기 이름에 책임을 지는 것에서 시작되고, 스스로를 긍정적으로 나타내기 위한 말과 말투를 사용하는 것이 중요하다는 사실을 말이다.

내가 하는 말이나 내가 쓰는 표현, 그리고 내가 사용하는 단어에 따라 나의 존재 가치가 결정되니 말이다. 특히 자신의 이름 석 자만으로 살아가는 삶을 원한다면, 자신을 규정하는 말투를 꼭 알아둬야 한다.

지금 자신의 존재를 어떻게 규정하고 있는지를 간단

하게 알아내는 방법이 있다. 자신의 이름 앞에 어떤 말을 수식어로 붙일 수 있는지 확인해보는 것이다. 나의 이름을 예로 들어보자.

'(            ) 김범준.'

괄호 안에 무슨 말을 넣을 수 있을까? 나는 직장인이니, 이렇게 써볼 수 있겠다.

'회사원 김범준.'

그런데 뭔가 아쉽다. 회사원이란 단어 하나로 나를 규정하는 게 끝이라면 어쩐지 만족스럽지가 않다. 그보다는 이렇게 말할 수 있으면 어떨까?

'고객의 불편함을 해소하고, 고객의 성장에 도움이 되는 솔루션을 제안하는 세일즈맨 김범준.'

멋있지 않은가? 자신의 특징이나 장점을 부각할 수 있

는 말투로 자신을 편집할 수 있을 때, 세상은 기회를 준다는 사실을 잊지 말아야 한다.

그렇다면 이제 당신에게 묻고 싶다. 당신은 자신의 이름 앞 괄호에 어떤 특징을 쓰고 싶은가? 어떤 표현으로 자신을 규정하고 싶은가?

## 왜 내 안의 보석을 외면하는가?

내가 잘할 수 없는 것들을 마치 나의 장점인 양 말하는 것은 스스로에 대한 기만일뿐더러, 자기 자신에게 과도한 부담을 지우는 일이다.

자신이 가지고 있지 않은 허상에 사로잡혀서 살아간다면, 그의 삶에서 알맹이를 찾아보기는 어려울 것이다. 자신의 강점에 집중하자. 자신이 가장 잘하는 것을 무기로 삼자. 그것이 가장 효과적인 방법이다.

나는 내성적인 성격 탓에 장점을 내세우는 일을 무척 주저했다. 대신 타인의 장점을 시기하고 질투했다. 타인의 장점을 비판하고 깎아내리면서도 나의 장점은 제대로 표현하지 못한 채 시간을 보냈다.

분명히 나만의 보석이 있음에도, 그것을 갈고 다듬어

사용하는 일에 소홀했던 과거가 안타까움으로 남는다. 그렇게 나는 황금 같던 20대의 창창하던 시절을 허송세월했다.

그러다 나에게도 내 이름을 자신 있게 말할 수 있는 영역이 있다는 사실을 알게 되었다. 바로 책을 출판하는 일이다. 이제 나는 책을 쓰는 일과 관련된 나만의 장점을 말하는 것에 주저하지 않는다.

원고를 기다리는 사람들에게 나는 원고 마감 하나만큼은 칼같이 지킬 수 있다고 늘 말한다. '마감 시간 하나만큼은 확실하게 지켜내는 작가 김범준'이라는 이름에 나는 자부심을 갖고 있다.

이름 앞에는 긍정적인 이미지들이 가득해야 한다. 아니면 이름 그 자체로 임팩트가 생긴다면, 다시 말해서 이름이 고유명사화되면 더욱 좋을 것이다.

그런 이름이 있다. 바로 '양학선'이다. 그의 이름을 뜯어보면 다음과 같다.

첫째, 사람 이름으로서의 양학선.

그는 대한민국의 기계체조 선수이며, 주 종목은 도마이다. 159센티미터, 58킬로그램에 체지방률 4.1퍼센트라는 경이로운 스펙을 가지고 있다. 2012년 런던올림픽 도마 종목에서 만 19세의 나이로 대한민국 체조 역사상 최초로 금메달을 받았다.

둘째, 기술 용어로서의 양학선.

이것은 올림픽 금메달리스트 양학선이 개발한 체조 도마 기술이다. 공중에서 세 바퀴(1,080도)를 비틀어 돈 뒤에 정면으로 착지한다. 2012년 국제체조연맹에 '양학선'이라는 명칭으로 공식 등재되었다.

'양학선'은 사람 이름이자, 고난도의 체조 기술 용어이다. 양학선 선수는 세상에서 자기만이 해낼 수 있는 기술을 찾아냈고, 거기에 완벽하게 적응했다. 그리고 거기서 끝내지 않고 그 기술에 자기 이름을 붙였다.

자신의 영역에서 시그니처가 된다는 것은, 곧 자기의 영역에서 성공적으로 자리 잡고 있다는 증거다. 그가 일종의 '명품'이 되었음을 대변한다.

양학선의 삶에서 보듯이, 우리는 다음과 같은 것들에 늘 대답할 수 있어야 한다.

"사람들이 나를 생각할 때 대표적으로 떠올리는 특징 또는 이미지는 무엇일까? 나의 영역에서 나를 대표하는 역량은 무엇일까?"

이 물음에 답할 수 있게 되었다면, 이제 그것을 세상에 표현할 차례다. 나의 장점과 특징을 멋지게 드러내는 표현과 말투를 찾아낼 차례다. 이를 위해서는 위의 질문처럼 그동안 미처 스스로에게 던지지 못했던 질문들을 아낌없이 던질 수 있어야 한다.

질문이 바뀌어야 관심이 바뀐다. 관심이 바뀌어야 새로운 시선으로 자신을 돌아볼 수 있다. 자신을 알게 되면, 그때야 비로소 자신에게 꼭 맞는 말투로 스스로를 디자인할 수 있다.

내가 이토록 자신을 규정하는 말투로 강조하는 이유는, 그것이 우리에게 어떤 라벨을 붙일 수 있는지를 결정하기 때문이다. 생각해보라. 와인병에 붙은 라벨과 가격표를 말이다.

## 좋은 생각의 소유자로 뇌가 인식하도록

재미있는 연구 결과가 있다. 미국의 어느 공과대학 연구 팀에서 '와인의 가격이 마시는 사람의 만족도에 미치는 영향'을 연구했다. 90달러짜리 와인 2병에 각각 10달러와 90달러짜리 가격표를 붙인 후 20명의 와인 애호가들에게 시음을 하고 평가하게 했다. 어떤 결과가 나왔을까.

같은 와인이라도 표시 가격에 따라 뇌가 달리 반응했다. 90달러짜리 와인을 마셨을 때가 10달러라고 알고 마셨을 때보다 뇌에서 향기와 맛의 즐거움을 지각하는 부위의 활성화가 훨씬 두드러졌다는 것이다.

이로써 알 수 있는 사실은, 사람은 와인의 맛을 음미하는 게 아니라 와인의 가격을 음미한다는 것이다. 우리는 비싼 와인이라면 더 즐겁게 음미하고, 가짜 약이라도 비싸다고 하면 더 잘 듣는다고 느낄 만큼 어리석다.

우리가 명품에 열광하는 것도 같은 맥락이다. 기능이나 디자인보다는 비싼 가격에 현혹된 뇌가 즐겁게 반응함으로써 우리가 만족감을 느끼도록 만드는 것이니 말이다.

이 이야기의 결론은 무엇일까? 가격에 속지 말라는 교훈적인 얘기가 아니다. 오히려 어떻게 해서든지 우리

자신의 가격표를 높여야 한다는 뜻이다. 남들이 판단하는 나의 가치를 최대한 높여야 한다.

이를 위한 가장 효과적인 방법이 바로 자기 자신을 표현하는 말투를 바꾸는 일이다. 자신의 가치를 떨어뜨리는 말투를 사용하는 것만큼은 절대적으로 자제해야 한다.

"제가 원래 그렇죠, 뭐."
"이상하게 나는 결정적인 순간마다 일이 꼬인단 말이야."
"대충해. 열심히 일한다고 누가 알아줘?"

이런 말투는 자신의 존재 가치를 떨어뜨리는 최악의 표현이다. 왜 그 많은 표현법 중에 이런 말투를 사용해서 자신을 하찮은 몰락의 길로 몰아세우는가?

이제 다음과 같은 말이 실현될 수 있도록 평소에 자신의 말투를 세심하게 편집하자.

"나는 운이 좋은 편이다."
"내 일은 내가 책임진다."

"나를 믿어주는 사람들을 실망시키지 않는다."

매일매일 긍정적인 생각을 하고, 그것을 노트에 적어두면 좋다. 그리고 아침에 어제의 기록을 큰소리로 말해서 '좋은 생각의 소유자로' 당신의 뇌가 당신을 인식하도록 하면 더 좋겠다.

이런 일들이 습관이 되면, 자신을 잘 지키는 사람이 되어 어디에서든 누구보다 환영받는 인물로 바뀔 것이다.

"저 친구는 늘 긍정적이고 활기차서 같이 있으면 즐거워."

"저 사람에게 맡기면 신경을 쓸 필요가 없어."

"다른 사람은 몰라도 이 사람만큼은 내가 신뢰해."

### SPEECH EDITING

사람들이 나를 생각할 때 대표적으로 떠올리는 특징은 무엇인가? 나의 영역에서 나를 대표하는 역량은 무엇인가? 이 물음에 답할 수 있도록 노력하라. 그리고 그것을 세상에 말로 표현하라.

# ❺ 스스로에게
멋있다고 말하라

**당신은 누군가에게 '썸씽 스페셜(Something Special)' 한 존재인가?**

80~90년대에 대한민국 양주 시장의 대표 선수로 대접을 받은 술이 있다. 2000년대로 접어들면서 위스키 시장의 경쟁이 격화되자 슬그머니 자취를 감추었지만, 한때 주당들의 선망의 대상이었던 술, 그 이름은 '썸씽 스페셜'이다.

뭔가 특별한, 뭔가 다른, 뭔가 대단한 느낌적인 느낌……. 이 술은 실제로 품질도 괜찮았지만, 품질 그이상으로 상표명에 임팩트가 있었다.

평범한 일상을 살아가는 사람들에게 한 잔의 술을 마실 때만이라도 '뭔가 특별한' 술을 마시는 것 같은 근사한 느낌을 선물한 것이다.

'썸씽 스페셜'이라니, 요즘 시대의 감각에는 맞지 않는 촌스러운 이름이라고 말하는 사람도 있겠지만, 80~90년대의 트렌드 감각으로는 뭔가 있을 듯한 느낌을 주는 상품이었고, 그래서 대박을 터트렸다.

상품의 명칭만 그럴까? 말투 역시 마찬가지다. 내 이야기를 하자면, 나는 '뭔가 다른 무엇'이 되기를 늘 꿈꿨다. '썸씽 스페셜' 한 존재로 인정받고 싶었다. 다른 구성원들과 차별화되는 '무엇'이 있기를 원했고, 그 무엇이 이왕이면 긍정적이고 특별하기를 바랐다.

주위 사람들은 나를 보고 '뭔가 다르다'고 말하기는 했다. 하지만, 조직에서 꼭 필요한 구성원, 팀의 최고 에이스, 이런 것과는 거리가 한참 멀었다. 나는 좀 특이한 녀석이라는 뜻의 '썸씽 스페셜'이었다. 이렇게 된 건 순전히 말투 탓이었을 것이다. 나 자신을 내가 원하는 '썸씽 스페셜' 한 무엇으로 만들기 위한 디자인에 서툴렀던 것이다. 말투 하나, 행동 하나, 모든 면에서 말이다.

"성과만 내면 되는 거지, 꼭 티를 내면서 일할 필요가 있나요."

"팀장이나 임원이요? 저는 그런 거 별로 관심 없어요."

"숫자가 틀렸다고? 그러면 고치면 되지, 뭘 그래?"

"어차피 결과는 같을 거야. 그냥 대충해."

내 말투가 이랬다. 말투에 확신과 주관이 없었다. 마음속으로는 임원이 되고 싶은데, 업무에서 정확성을 인정받는 사람이 되고 싶은데, 작은 일도 문제 없이 완벽하게 처리하고 싶은데, 겉으로는 이런 것에 연연하지 않는 태도를 '쿨한 이미지'라고 착각하면서 말하고 행동했다.

그건 내 인생을 막다른 길로 몰아가는 비극이었다. 나는 멋지고 긍정적인 의미에서 '썸씽 스페셜' 하게 포장되어야 했는데, 그렇게 하는 것을 어색해했고, 그런 일을 한다는 것에 당황했던 것이다.

그래서일까? 나는 팀이 지향하는 목표를 달성하는 데 일조하고 다른 업무에서 많은 성과를 내도, 허구한 날 저평가를 받을 뿐이었다.

## '평범한 아무개'로 불리기 싫다면

세상에는 말 한마디 잘못해서 자신의 성과를 인정받지 못한 채 쓸쓸히 무대에서 사라진 사람이 무수히 많다. 언젠가 어느 장관은 취임 직후부터 잦은 말실수를 지적받다가 역사상 최단기로 장관직을 내놓은 경우가 있었다.

그는 자신이 관장하는 분야에서 큰 사고가 났음에도 느긋하게 지켜보다가 며칠 지나서 현장을 찾아서는 "별로 심각하지 않은 것으로 생각했는데……"라는 부적절한 말을 내뱉음으로써 공분을 샀다. 한 나라의 장관이 그런 개념 없는 말을 하다니, 국민들은 어이가 없어 혀를 찼다.

아마 그는 지금 이 순간에도 억울하다고 생각하고 있을지 모르겠다. 입버릇이 된 말투로 가볍게 던진 말인데, 왜 세상 사람들이 그렇게 벌 떼같이 들고 일어나 당장 물러나라고 하는지 이해할 수 없는 마음이었을지 모른다.

생각해보면 그 사람이나 나나 똑같다. 자기 자신을 보호하고, 또한 자신을 성장시키는 표현력, 즉 말투 편집에 서툴렀던 것이다. 한 분야의 최고 전문가로서 대한민국의 장관이나 된 사람이 말 한마디로 물러났다는 사실에서 우리는 말투 편집이 얼마나 중요한지를 새삼 알게 된다.

나의 실수를, 그리고 그 장관의 실수를 당신은 피하기를 바란다. 당신이 일상을 멋지게 편집하려는 이유도 '썸씽 스페셜' 한 존재가 되려는 것 아닌가? 다시 말해서 '평범한 아무개'로 불리기 싫어서가 아닌가?

이건 어려운 일이 아니다. 없는 것을 새롭게 만들어내는 기발한 창의력만이 필요한 일도 아니다. 그보다는 그저 자신이 있는 그 자리에서, 매일 하고 있는 반복적인 일들 속에서 특별한 무엇인가를 찾아내는 노력을 시작하면 된다.

우선 자신의 말투를 품위 있게 편집하는 일부터 시작하자. 구체적으로 어떤 노력이 필요한지 잘 모르겠다면, 아래 소개하는 한 배우의 이야기에 귀를 기울여보자. 자신의 본성과 다른 모습을 보여야 하는 장소에서, 그곳의 분위기에 맞는 말과 말투를 사용한다는 것이 무엇인지 알게 될 것이다.

남궁민이란 연기자가 있다. 그는 2019년 3월에 시작된 '닥터 프리즈너'라는 드라마에서 대학병원 응급의학센터의 에이스인 '나이제' 역할을 맡았다. 나이제는 출중한 실력만큼이나 환자를 우선적으로 생각하는 인간적인 매력을 겸비한 인물이지만, 불의의 사건에 휘말리며 인생이 송두리째 바뀐 천재 외과 의사였다.

진중한 의사 역할에 처음 도전했다는 남궁민은 더 좋은 연기를 위해 고민하고 또 고민했단다. 의사라는 직업 자체에 대한 지식이 부족하다 보니 갈등도 생겼다고 고백했다. 그는 자신의 부족함을 인정한 후에 결심하듯 말했다.

"실제 의사처럼 보이도록 노력했습니다. 말투, 행동에 특히 신경 썼습니다. 이를 위해 의사들을 직접 만나 배우고, 의학 전문 드라마도 섭렵했죠. 호흡을 조절해서 작게 이야기하기도 하고, 그냥 대사를 흘리기도 하는 등 강약 조절에 신경을 많이 썼습니다."

'썸씽 스페셜' 한 존재가 되고 싶다면, 이를 위해 해야 할 일은 간단하다. 남궁민의 말처럼 '실제 의사처럼 보이기 위해 말투와 행동을 조절하는' 디자인을 용감하게 받아들이면 된다. 남궁민처럼 참고할 만한 인물이나 자료를 조사하는 일도 큰 도움이 된다.

　말투를, 행동을 내가 원하는 그 무엇과 일치시킬 때, 나는 일상을 잘 편집해내는 사람이라고 스스로 자부할 수 있을 것이다. 그때가 되면 다른 사람들과의 소통도 좀 더 쉬워지지 않을까? 나만의 대화법을 숙지하고 그에 맞는 말투가 소통의 도구로 온전히 작동할 때, 나의 말투 편집은 성공했다고 말할 수 있을 것이다.

## SPEECH EDITING

말투의 편집에서 없는 것을 새롭게 만들어내는 창의력은 필요 없다. 멋지게 포장된 무엇을 구할 필요도 없다. 매일 하고 있는 반복적인 일들에서 나만의 것을 찾아내는 노력이면 충분하다.

# ❻ 프로처럼 말하면
## 프로가 된다

**당신에게 주어진 지상명령은 무엇인가?**

'워라밸'이라는 말이 있다. '일과 삶의 균형'을 뜻하는 '워크 앤드 라이프 밸런스(Work and Life Balance)'의 줄임말이다. 장시간의 노동을 줄이고, 일과 개인적 삶의 균형을 맞추는 문화의 필요성이 대두되면서 등장한 신조어다.

그런가 하면 '연라밸'이라는 말도 있단다. '연애와 라이프의 밸런스'라고 한다. 생각해보니, 라이프는 오직 나를 위한 것인 듯하다. 그러니 나 이외의 세상 모든 것과 밸런스를 맞추려고 하는 게 아닐까?

한 대학생이 2년 정도 연애를 했는데, 평일에는 공부

와 아르바이트로 바빠서 주로 주말에만 데이트를 했단다. 그런데 자꾸만 혼자만의 시간을 보내고 싶다는 생각이 들었다고 한다.

그렇다고 2주에 한 번만 만나자고 제안하거나 이번 주말에는 혼자 보내고 싶으니 평일 저녁에만 보자고 하면 상대가 섭섭해할 것 같았다. 이런저런 생각을 하다보니 '나는 연애 부적격자인가?' 하는 자괴감까지 들었다고 한다.

이에 몇 사람이 대략 다음과 같은 솔루션을 제공했다.

"직장인이 워라밸이 안 맞으면 이직을 하는 것처럼 연라밸이 안 맞는다면 다른 사람을 찾는 게 좋겠지."

"자기 시간이 중요한 사람과 사귀면 행복할까요? 주말을 함께 보내던 시간이 그리워질지도 모릅니다."

"성향이 다른 사람이 만나면 서로 부딪칠 수밖에 없습니다. 그러니 싸울 용기를 내야 합니다."

"그럼 연애를 하지 말아야지. 자기 생각만 하는 거

잖아."

다양한 연령대의 사람으로부터 솔루션이 쏟아졌는데,
개인적으로는 다음의 대답이 가장 마음에 들었다.

"상대방을 사랑하는 것과 별개로 혼자 있을 시간
이 필요할 수 있죠. 이 정도 가지고 뭐 연애 부적격자
까지……. 그럴 게 아니라 지금 당장 대화하세요. 연
애는 둘이 하는 겁니다. 혼자 끙끙 싸매고 있어 봤자
아무것도 해결되지 않아요. 누군가의 충고도 도움이
되지 않습니다. 자신의 생각을 털어놓고, 합의점을
찾아보세요. 말을 하지 않고 고민해봤자 그리 오래
가지 못할 거예요. 문제가 더 커지기 전에 털어놓고 말
하는 게 낫지 않나요?"

연애에도 프로페셔널이 있다면 그것은 상황과 상대의
기분에 맞춰 말을 해내는, 편집된 말투에 능숙한 사람일
것이다. 그냥 싸우기보다, 그냥 외로워지기보다, 서로
대화하고 맞춰가는 과정을 잘해 내는 사람일 것이다.

연애만 그럴까? 이미 연애를 끝내고 결혼해서 가정을 꾸린 나 같은 사람 역시 가정이나 직장에서, 그리고 새로운 미래의 영역에서 제대로 된 대화로 삶을 디자인해야 한다.

이때 필요한 말투로 편집하기 위해 먼저 해야 할 것이 있다. 내가 존재하는 영역에 대해 명확한 개념화, 또는 목표 설정을 해두는 것이다. 예를 들어보자. 나에겐 세 가지 목표가 있다.

첫째, 목표 이상의 실적을 내는 팀원이 된다.
둘째, 집에서는 가족들을 아끼고 사랑한다.
셋째, 그러고 시간이 남으면 책을 읽고 글을 쓴다.

거창하다면 거창하지만, 아무래도 뭔가 심심하고 소박하기조차 하다. 하지만 나에게는 이 세 가지보다 더 중요한 것은 세상에 없다. 이 세 가지는 각각의 시간과 공간에서 이루어지는데, 각각의 시공간을 잘 운영해내는 건 내게 주어진 지상명령이다.

이를 이루기 위해 나는 각각의 시공간에 맞는 말투를

사용해 대화해야 한다. 그건 나 자신은 물론 가족과 직장, 그리고 사회에 대한 예의다.

## 당신의 말투에 리듬감이 필요하다

프로페셔널인지 아닌지의 여부는 이러한 목표 설정을 내 삶의 영역에서 명확히 할 수 있는지 여부에 달려 있다. 우선 회사란 곳을 확인해보자. 회사는 업무 시간과 업무 공간을 포함한다. 집 그리고 그 이후의 영역은 일터에서 벗어난 시간과 공간에서 벌어지는 일이다.

성격이 다른 이 세 가지 영역의 균형을 위해 나는 각각의 상황에 맞는 말투로 대화하며 일상을 디자인하려고 한다.

그것은 마치 일종의 '편집'과 같다. 언론, 잡지, 출판 분야에서는 '편집'이라는 말이 중요하다. 방송국에서 PD로 일하는 친구가 있는데, 그의 말에 따르면 편집의 개념 중에서 가장 중요한 것이 '리듬감'이라고 했다.

편집의 순서를 기록한 콘티에 맞춰 어떻게 영상과 음향을 붙일지, 어떻게 타이밍을 맞출지, 어떤 방향으로 화면을 전환시킬지 등의 작업은 영상물에 대한 리듬감

없이는 불가능하다는 것이었다.

어느 하나가 과다하거나 부족하면 최종 결과물의 완성도를 기대하긴 어렵다. 방송에서의 편집도 일종의 '디자인'인 셈이다. 방송에서 편집의 핵심이 리듬감이라면, 우리의 일상에서 편집의 핵심은 무엇일까?

당연히 말투다. 리듬감이 모든 방송의 완결성을 좌우하는 것처럼 말투는 일상의 건강함을 증명한다. 말투는 우리의 질적인 수준을 세상 밖으로 드러내는 증거인 만큼, 하나하나를 조심스럽게 디자인해야 한다.

예를 들어보자. 집에서 회사 업무를 걱정하는 것만큼 미련한 일도 없지만, 회사에서 집과 관련된 일을 생각하는 것도 무책임한 짓이다. 과거에는 직장의 상사들 중에 다음과 같은 말을 시도 때도 없이 늘어놓는 사람이 있었다.

"나는 집에서도 회사 업무 생각하느라 며칠째 잠을 못 자고 있어!"

예전 인식으로는 정말 대단한 사람이라고 생각하는 경우도 많았다. 나 역시 과거에 이런 말들을 들으면 제일 먼저 '열정'이라는 단어를 떠올렸다. 하지만 지금 그런 말을 들으면 머리를 흔들 것이다.

오죽하면 회사에서 해야 할 일을 다 해내지 못하고 집까지 가서 고민하고 있는 건가? 왜 그걸 자랑이라고 말하는 거지? 그런 사람이 과연 집에서는 환영받을까? 가족들에게 "내가 이렇게 힘들게 일하는 거 안 보여?" 하면서 윽박지르는 사람은 정말 매력 없다.

마찬가지로 회사에서 업무 중에 인터넷 쇼핑하느라 정신이 팔려 있는 사람이 있다면, 그 역시 자신의 일과 개인적 시간을 혼동하고 있는 게 분명하다.

누군가 그에게 그러지 않는 게 좋겠다고 조언했는데, "괜찮아. 뭐, 잠깐 보는 건데!" 하고 대답했다면 그의 말투 역시 무책임하며 성의 없는 태도를 액면 그대로 보여주는 것이다.

개인적 일상과 공적인 일터를 구분하지 못한다는 것은 자신의 일상을 편집할 줄 모르는 태도로, 달리 말해서 '생활 리듬감 부족'에서 벌어지는 참극이 아닐 수 없다.

프로페셔널은 자신에게 돈을 지불한 누군가를 위해 자신이 해야 할 일에 책임감을 가지고, 하루하루를 온전히 장악해 편집할 줄 안다. 공적인 일과 사적인 일에 대한 분리에 능숙하다. 그런 사람들은 세상에 자신에 대한 긍정적 정보를 알리기 위해 노력한다. 그러니 당연히 말투부터 다르다.

당신의 말투는 어떻게 편집되고 있는가? 그 이전에 각각의 생활 영역에서 당신이 목표한 것은 무엇인가? 세상이 나를 알아주기를 원한다면, 그에 맞는 말투로 자신을 디자인해내는 것이 기본 중의 기본임을 기억하자. 더 멋진 미래의 나를 위해.

### SPEECH EDITING

공과 사를 구분하라. 프로페셔널은 자신의 삶을 장악할 줄 알고, 자기 방식대로 편집할 줄 안다. 일과 생활을 깔끔하게 분리하며 남을 배려하면서도 자신의 이익을 양보하지 않는다.

# ❼ 내가 보는 것이
## 나를 만든다

**꿈을 현실로 만드는 법은 따로 있다**

'내가 보는 것이 나를 만든다'는 말이 있는데, 나는 아쉽게도 내가 보지 말아야 할 것을 본 적이 많다. 그쪽으로 시선을 돌릴 이유가 없는데도 무의미하게 그것을 바라보고 화를 내고 답답해했다.

특히 나에 대한 부정적인 시선에 집중해서 감정이 상한 경우가 많았다. 굳이 관심을 두고 볼 이유가 없는 것들을 상상하느라 속절없이 시간을 보내기도 했다.

나는 내가 보아온 것들이 나의 지적 능력을 결정한다는 사실을 몰랐다. 어떤 자극에 나를 노출시키고 있는지가 나의 일상을 편집하는 데 있어 매우 중요한 요소라는 사실을 간과했다.

자극에 대한 선택이 나를 또 다른 자극으로 이끌었다. 그런데 나는 나에게 유익한 자극에는 관심을 갖지 않았다. 나의 삶을 아름답게 만들기 위해 일상의 모든 선택을 내가 원하는 방향으로 몰아가야 했음에도 말이다.

유튜버가 꿈이라고 해보자. 그렇다면 나는 이미 그 영역에서 자리 잡은 유튜버의 영상물과 그 영상물 속의 수없이 많은 편집 기술에 시선을 보내야 한다. 인스타그램의 스타가 되고 싶다면, 수십만 팔로워를 가진 인플루언서들의 게시물에 관심을 두어야 한다. 여기에 더해서, 이왕이면 내가 선택한 것을 세상 밖으로 표현할 수 있어야 한다.


"나는 유튜버가 되고 싶어요. 그래서 유튜버의 모든 것을 공부하고 있습니다."

"인스타그램에서 인플루언서가 되고 싶어요. 그게 제가 인스타그램의 게시물 하나에도 고민하는 이유랍니다."

이렇게 당당하게 말할 수 있어야 한다. 이런 태도가 원하는 것을 얻을 수 있는 방법에 시선을 던지게 해준다.

앞에서 내가 시선을 두어야 할 곳에 두지 못하고 엉뚱한 곳을 바라봤다고 했지만, 나름대로 내 삶에서 시선의 방향을 제대로 향한 일이 있기는 하다. 바로 책에 관한 것이다.

나는 책이 좋았다. 정확히 말하자면, 책에서 무엇인가를 읽어내는 게 좋았다. 책에 늘 시선을 두다 보니, 어느 순간 책을 쓸 기회가 다가왔다. 나는 그 기회를 놓치지 않았다.

일상에서는 그렇게 적극적이지도, 대담한 성격도 아닌데 책에 관해서는 출판 관계자들과 이야기를 나눌 때 서슴없이 꿈을 말했다.

"좋은 책을 쓰고 싶습니다."

그렇게 당당하게 말하고 한 권 두 권 책을 쓰다 보니 어느덧 20권이 넘는 책을 쓰게 되었고, 어떤 책은 영광스럽게도 베스트셀러가 되기도 했다. 내가 원하는 것을 말로 직접 표현하다 보니, 시작할 때는 전혀 기대도 못한 성과들이 찾아온 것이다. 나는 이 선택에 대해 지금도 스스로에게 칭찬을 하고 싶다.

## 내가 벌인 스마트폰과의 전쟁

여기까지는 좋다. 자랑할 만한 일이니까. 그런데 요즘 들어 책을 대하는 나의 태도가 뭔가 어긋나는 것처럼 보인다. 곰곰이 생각해보니, 그건 전적으로 스마트폰 때문이다.

스마트폰은 나를 매료시켰다. 나를 즐겁게 하는 콘텐츠로 가득했기 때문이다. '이걸 봐서 뭐해?'라는 생각이 들지만, 잠시 후엔 '그래, 잠깐만 머리를 쉬는 건데, 뭐 어때?' 하는 자기변명에 압도되었다.

결국 내가 읽고 싶거나 꼭 읽어야 하는 텍스트를 읽는 것에 장애가 생겼다. 시시껄렁한 연예인 스캔들이나 잡다한 일상 이야기에 시간을 낭비하게 되었다.

보다 보면 한 시간 두 시간이 훅 지나가는 글과 이미지들이 나를 스마트폰에 중독되게 만들었다. 그러던 어느 날 문득 정신을 차렸다. 내 일상은 내가 편집해야 하는데, 쓰레기 같은 글과 이미지에 압도되고 있음을 깨달았다.

내가 보고 있는 것이 나를 만든다는 사실을 망각한 채 아무것에나 눈을 돌려 아무렇게나 나를 방치해둔 것이다. 그렇게 시간은 하염없이 흘렀고, 일상은 불규칙해졌으며, 원고의 양과 질은 예전만큼의 성장을 보이지 못하게 되었다.

그래서 나는 결정했다. 스마트폰과 전쟁을 벌이기로 말이다. 나는 지식 노동자가 되기를 원했고, 그 도구는 책이고, 그 방법은 일상의 편집이었다. 구체적으로 나는 지적 성장을 위해 보이는 곳에 책을 두기 시작했다.

스마트폰에 빠진 나의 정신머리를 다시 원상복구 해야 했다. 퇴근 후에 사람들을 만나 희희덕대면서 시간을 보내는 대신, 나의 의지를 세상에 말로 알리며 하루를 새롭게 편집하기로 결심했다. 예를 들어 이렇게 말하기 시작했다.

　"저는 일이 끝나면 집에서 책을 보는 게 낙입니다."

"스마트폰에서 시시한 동영상은 보지 않아."

"평일 저녁 퇴근 후에 오프라인 독서 모임을 만들어보면 어떨까요?"

나의 방향을 세상에 알리자 세상도 나를 그렇게 봐주었다. 친구나 직장 동료들은 퇴근 후의 쓸데없는 만남을 나에게 함부로 들이밀지 않았다.

귀가 후에도 저녁에는 아내와 아이들이 텔레비전을 켜는 것을 자제했다. 딴짓을 하지 않기 위해 외부로부터의 자극을 통제하자 나는 비로소 내가 선택한 미래를 향해 한 걸음씩 나아갈 수 있게 되었다.

어떻게 이런 일이 가능했는지 아는가? 실은, 별것 아니었다. 그저 내가 하고 싶은 일을 내 입으로 말한 것이 전부였다. 그랬더니 신기하게도 내가 세상에 내보낸 말대로 살 수 있게 되었다.

물론 의지를 말로 꺼냈다고 해서 쉽게 바뀌는 건 아니다. 나 역시 마찬가지였고, 나는 스스로를 좀 더 극적으로 변화시키고자 시간과 공간 역시 바꾸기 시작했다.

나는 집을 책으로 꾸미기로 했다. 책 때문에 먼지가

생기고 이따금 책벌레를 보기도 했지만, 그 정도는 나에게는 문제가 되지 않았다.

나는 책이 나의 일상을 지배하기를 바라는 마음뿐이었다. 거실에서 텔레비전을 없앤 후, 그 공간에 베이지 색상의 멋진 책장을 배치한 것도 노력 중의 하나였다.

## 아름다운 것을 대하면 아름다워진다

꿈꿔온 일상을 편집하기 위해 스스로 필요한 자극을 선택하는 일은 특히 중요하다. 딴짓의 가능성을 스스로 줄이려는 노력도 필수다. 나는 책을 읽기로 결심했고, 책을 통해 나를 발전시키고자 그렇지 않은 것들은 가능한 멀리했다.

스마트폰으로부터 멀어지려는 투쟁과 함께 거실에 무심히 걸려 있는 텔레비전 역시 이별의 대상으로 삼았다. 아내에게도 나의 투쟁을 도와달라고 말했다.

"내가 스마트폰을 들여다보고 있는 걸 발견하면 즉시 나에게 말을 해줘. 벌금 낼게."

이런 식으로 스스로에게 족쇄를 채웠다.

스마트폰은 나에겐 '나쁜 자극'이었다. 자기 일상을 편집하는 데 있어 굳이 나쁜 자극을 선택할 이유가 없다. 나는 '좋은 자극'을 선택하기로 했고, 나의 미래를 위해 책을 선택했다.

내가 보고 있는 것이 나를 만든다는 분명한 마음이 있었기에 가능했다. 나는 책을 통해 꿈을 꾸고 있으며, 계속해서 꿈을 꾸고 싶다. 책이라는 충성스러운 친구와 헤어지고 싶지 않다.

말투 편집은 말투를 새로운 형태로 디자인한다는 말과 같다. '디자인'이라는 말은 '디세뇨(Disegon)'라는 이탈리아어에서 비롯됐는데, 이 말은 원래 '머리로 하는 구상'을 의미했다고 한다. 편집도 디자인도 일종의 두뇌 싸움인 셈이다.

그렇다면 말투 역시 의도를 갖고 계획적으로 자신의 스타일을 개념화해 나가는 과정이라고 볼 수 있다. 어떻게 나를 만들어낼지 고민하는 과정 중 하나이니 말이다.

우리는 아름다운 것을 대하는 만큼 아름다워진다. 그림, 소설, 영화, 연극 등이 그렇다. 말투도 마찬가지다. 좋은 말투를 제대로 선택하는 순간 인생은 자신이 원하는 방향을 향해 움직이기 시작할 것이다.

**SPEECH EDITING**

고운 언어, 아름다운 표현으로 말투를 디자인하라. 아름다운 것을 대하면 마음까지 아름다워지듯이, 일상의 모든 곳에서 습관적으로 좋은 말투를 선택하면 인생도 좋은 방향으로 움직인다.

## 2장

# 타인의 변화를
# 이끌어내는
# 말투 편집

# ❶ 진정한 이해는 상대의 아래에 서는 것

**새로움을 찾느라 자기 것을 잃어버린 사람들**

앞서도 말했지만, 나의 예전 말투는 건전하지 못했다. 나는 겸손과는 거리가 먼 사람이었다. 상황에 따라 고개를 숙였을 뿐, 타인에 대한 존중이나 배려는 부족했다.

누군가에게 도움을 받아야 할 때조차 그냥 내가 알아서 하겠다면서 거부의 손을 흔들었다. 자존심을 지키고 싶었던 것일까? 그때 남들의 눈에 비치는 나는 시건방진 인간 그 자체였을 것이다.

생각해보면, 그때 나는 게을렀다. 뭔가를 얻기 위해 시간을 들이기보다는 행운에 의존했다. 한마디 말조차도 오직 나 자신의 관점에서만 생각하고 타인의 생각은 무시했다. 그렇게 나는 주위 사람들과의 관계에서 한 발짝 떨어져 있기를 원했다.

그러니 관계적 측면에서 제대로 된 말투가 나올 리가 없었다. 문득 세일즈 분야에서 일하고 있던 한 선배의 말이 기억난다.

"신규 고객을 찾느라 기존 고객을 소홀히 했다가 망한 영업 사원이 한둘이 아니야."

이미 관계를 맺고 있는 누군가를 관리하는 게 얼마나 소중한 일인지 모른다는 따끔한 충고였다. 뭔가 새로운 관계를 찾아내고 싶은 마음은 누구나 갖고 있을 테지만, 그러다 기존의 관계를 소홀히 하면 많은 것을 잃는다.

인간관계의 성패는 기존의 인간관계를 어떻게 다루느냐에 전적으로 달려 있다. 새로운 관계를 얼마나 많이 맺느냐에 있는 게 아닌 것이다. 친할수록 겸손하고 배려하는 말투가 필요하다. 조금 알게 되었다고 상대를 가볍게 대하는 태도는 관계를 망치는 지름길이다.

"잘 알지도 못하면서, 그냥 내 말이나 잘 들어."

"됐어요. 그럴 바엔 그만둬요."

"귀찮아, 저리 가!"

말투 하나만 제대로 구사해도 얼마든지 나의 일상을 멋지게 편집할 수 있었는데, 나는 그렇게 하지 못했다. '벼는 익을수록 고개를 숙인다'는 말도 있는데, 나는 그러지 않았다.

고개를 먼저 숙이면 얼마든지 도움을 받을 수 있음에도 '고개 숙이는 그 순간'이 귀찮고 싫어서 그만두는 바람에, 나는 늘 그저 그런 자리에 머무르는 사람이 되었다. 그 결과 상대방과의 소통이 사라진 상황에서 관계는 어색하게 지속되고, 결국 의미 없는 시간만 낭비하곤 했다.

"잘 모르겠습니다. 알려주시겠습니까?"

"다음에는 더 잘하겠습니다. 응원해주십시오."

"진짜 이거 너무 어려워요. 조언 좀 해주세요."

"미처 생각을 못했습니다. 다른 대안을 고민하겠습니다."

왜 나는 이런 말투를 나의 것으로 만들지 못했을까? 낮은 자세로 정중하게 도움을 청하는 사람을 거부할 사람은 거의 없다. 진심을 다해 고개 숙이며 도움을 청하는 말투는 서로의 이해를 돕는 기본 중의 기본인데 말이다.

### 상대에게 나의 무게감을 전하려면

이해를 뜻하는 영어 단어는 'understanding'이다. 이 단어를 분석해보면 '아래(under)'와 '서다(standing)'으로 나뉜다. 진정한 이해는 상대방의 아래에 서는 것이라는 뜻이다.

'위에 서서 아는 체'하는 게 아니라 '아래에서, 상대의 마음이 되어보는 것'이 바로 이해다. 이해하려는 자세에서 비롯되는 겸손을 자신의 말투에 장착시킨다면 스스로의 성장을 위한 강력한 무기가 될 것이다.

예전에 텔레비전에서 한 대기업 회장의 인터뷰를 본적이 있다. 그는 이렇게 말했다.

"회장이라고 하지만, 제 말이 조직의 구성원들에게 무게감 있게 다가가기 위해선 반드시 하나의 요소가 필요합니다. 그것은 저의 말이 구성원들이 느끼기에 올바르게 느껴져야 한다는 겁니다. 그들이 생각했을 때 옳지 않으면 제가 하는 말들은 무겁게 느껴지지 않습니다. 아니 오히려 우습게 느껴질 겁니다."

"상대방에게 내가 무게감 있는 사람으로 느껴지려면 나의 말이 옳아야 한다." 이 말은 내게 화살처럼 꽂혔다. 나는 이 말에서 몇 단어를 고쳐보았는데, 이 문장은 금세 내 인생의 문장으로 자리 잡았다.

"세상이 나를 인정하게 하려면, 나는 올바른 내용을 담은 말투를 사용해야 한다."

올바른 내용을 담은 말투는 어렴풋이 알겠지만, 올바르지 않은 말투란 어떤 것일까? 직장인이 흔히 꺼내는 다음과 같은 말들이 좋은 사례가 되지 않을까 싶다.

"그냥 다니는 거지, 뭐. 무슨 부귀영화를 누리겠다고."

"괜찮아요. 점심에 반주 한잔하는 건데요. 커피 마시면 금방 정신 돌아와요."

"식사 후에 당구 한 게임 어때요? 사무실에 조금 늦게 들어가도 뭐라고 안 하잖아요."

"자리에 없으면 잠깐 병원에 간 거라고 생각해. 괜히 찾지 말고."

"금방 다녀올 거니까 모른 척해줘, 알았지?"

이런 행동과 말은 큰 잘못이 아닐지라도 옳은 말도 아니기에 우스운 말이라고 할 수 있다. 우스운 말을 하는 사람, 우스운 사람으로 세상에 보일 것이다. 또한 나의 가치를 깎아먹는 말투와 나를 지키지 못하는 말투를 구사하는 사람으로 보일 것이다.

언젠가 직장 생활 20년 차에 그 회사의 대표이사가 된 사람이 자신의 성공 비결을 말하면서, 작은 것 하나에 최선을 다하는 태도가 가장 중요했다고 말하는 걸 들은 적이 있다. 그는 이렇게 말했다.

"종종 내게 직장생활의 성공 비결을 물어보는 사

람이 있습니다. 나는 그 비결을 '사소함에 대한 가치 부여'라고 생각합니다. 사소한 것에 목숨을 걸어야 합니다. 전문성만으로는 부족합니다. 전문성과 함께 작은 것 하나에도 최선을 다하는 마음을 지닌 사람 이라면 회사는 그를 전적으로 신뢰하게 됩니다."

그렇다면 어느 정도로 작은 일까지 최선을 다해야 하는 것인가? 여기서 아웃도어 의류 분야에서 탄탄한 중견 기업을 일궈낸 창업주의 얘기를 들어보자.

"회사에 출근하자마자 화장실로 달려가 천천히 볼 일을 보고 오는 직원이 있습니다. 그런 직원은 불 러다가 호통을 칩니다. 출근 후 두 시간은 오후 시간 전부와 맞바꿀 만큼 일에 전념할 수 있는 시간입니 다. 회사에 도움이 되는 인재로 성장하고 성공하는 삶을 이끌기 위해서는 용변을 보는 시간까지도 과 감히 바꿀 가치가 있습니다."

부당하다고 느끼는가? 그렇게까지 치사하게 나오는 게

무슨 의미가 있나 싶어 화가 나는가? 비인간적이고 몰상식한 회사에 대해 항변하고 싶은가?

하지만 찬찬히 생각해보자. 대표는 직원이 화장실에 가는 것을 막지 않았다. 그는 생리적인 욕구를 해결하려는 직원에게 화를 내는 게 아니다.

### 그 회사의 대표가 진짜 화가 난 이유

회사는 근무시간에 스마트폰을 들고 유유자적 화장실에 다녀오는 모습에, 업무에 집중해야 하는 시간에 커피 잔을 들고 담배를 챙기는 모습에, 덜그럭거리며 책상을 뒤지며 군것질거리를 찾는 모습에, 친구와 메신저로 대화를 하며 오전 시간을 흘려보내는 모습에, 가입한 카페의 최신 글을 확인하고 댓글을 쓰느라 정신없는 모습에 화를 내고 있었던 거다.

나 또한 예전에는 이것을 이해하지 못했다. "생리적인 현상인데 화장실도 마음대로 못 가나요?" 하면서 오히려 눈을 치켜뜨고 짜증을 냈다. 이런 태도가 나의 가치를 마구 훼손하고 있음을 나는 외면했던 것이다.

주어진 휴식 시간에 개인적인 일을 하는 건 문제되지

않는다. 점심시간, 출근 전, 퇴근 시간이 지난 후라면 화장실에서 명상을 하든, 담배를 피우든 회사는 상관하지 않는다.

하지만, 업무에 집중해야 할 때인데도 개인적인 일에 힘을 쏟고 있으니 회사가 화를 내는 것이다. 그런데 이를 두고 "이런 사소한 일까지 참견하다니, 너무하는 거 아냐?"라며 반발했었다. 그래서일까? 회사는 나를 리더십 프로세스에서 물러나게 했다. 회사가 집중해서 키워야 하는 미래 인재로 보지 않았다는 얘기다.

생각해보면 나 자신을 그렇게 나락으로 몰아세운 것은 나의 태도, 행동, 그리고 말투였던 셈이다. 회사가 나를 더 이상 인재로 인정하지 않는다고 화를 내기 전, 나 자신을 보호하는 데 실패했던 일을 반성하는 게 먼저였다.

나는 가끔 미래의 나 자신을 떠올려본다. 좋은 사람이 되고 싶은가, 아니면 우스운 사람이 되고 싶은가? 좋은 사람까지는 어렵더라도 앞에서 말한 무게감 있는 사람이라도 되는 게 낫지 않을까?

그러기 위해서는 언행 하나라도 옳지 않은 뜻으로 상대에게 전달되는 건 아닌지 고민하는 태도가 절실하다.

그런 습관이 쌓여서 말 한 마디라도 진중하고 품위 있게 한다면, 미래는 더 좋은 방향으로 나아가지 않겠는가?

**SPEECH EDITING**

친할수록 겸손한 태도와 배려하는 말투가 필요하다. 인간관계는 기존의 관계를 어떻게 다루느냐에 달려 있다. 새로운 관계를 얼마나 많이 맺느냐 하는 인맥의 과다에 있지 않다.

## ❷ 논쟁은 그만두고
## 제안을 하라

**대화에서 양보할 수 없는 자리에 서게 되면**

하나의 문제를 두고 이야기를 하면 할수록 감정만 상해 가는 경험은 누구나 한 번쯤 해봤을 것이다. 문제 해결을 위해 대화를 하는데, 대화를 이어갈수록 해결은커녕 문제가 더 확대되니 미칠 노릇인 경우 말이다.

한 치의 양보도 없는 대립의 순간에는 약간의 물러섬도 패배로 느껴지기 때문일 것이다. 사실 그런 때일수록 서로에 대한 양보와 배려가 담긴 말투가 필요한데, 그게 이성적으로는 받아들여지지만, 감정적으로는 불가능에 가까우니 문제다.

내가 딱 그랬다. 해결을 하려고 대화를 시작했다면 해결로 끝을 내야 했는데, 오히려 해결과는 거리가 멀어진 채 감정만 상해서 다시는 볼 일 없는 상황으로 만들어버리는 경우가 한두 번이 아니었다.

A : 이게 아빠가 원하는 수준이라고 생각해? 열심히 한 건 알겠지만 이래선 곤란해.

B : 저는 최선을 다한 거예요. 이 이상은 힘들어요.

A : 무슨 말이야. 더 이상 안 된다니!

B : 여기서 더 이상의 수준을 원한다면 감당할 수 없어요.

A : 뭐라고? 그만두겠다는 거야? 이게 끝이라는 거냐고!

B : 저도 어쩔 수 없어요.

A : …….

여기서 A는 물론 나였고, B는 아들이다. 나는 아이가 천재이기를 바라지는 않았다. 모범생이기를, 효자이기를, 착하기를 원했다. 하지만 나의 속내를 액면 그대로 드러낸 말투는, 아이들 앞에서 '나는 꼰대다!'라는 이정표를 내 얼굴에 스스로 붙인 것이나 다름없었다.

그런 식으로 해서 내가 얻어낸 건 '내 할 말은 다했으니 이제 알아듣겠지?'라는 착각 가득한 후련함 뿐이었다. 나는 도대체 왜 그랬을까?

상담이나 거래에서 양보할 수 없는 자리에 서게 되면, 나는 늘 완강하고 투박한 말투로 상대방을 윽박지르는 걸 서슴지 않았다. 그러다 어이없어 하는 상대를 보며 내가 승기를 잡았다고 믿었다.

착각도 그런 착각이 없었다. 상황에 따라 적절하게 방향을 전환할 줄 아는 말투가 대화에 최우선적으로 필요하다는 사실을 모른 채 나만의 방식에 취해 있었던 것이다.

나의 말에 대한 상대방의 침묵이 문제의 해결이 아니라 문제의 시작이라는 걸 몰랐다. 원하는 답이 상대의 입에서 나오지 않았을지라도 겸허히 받아들이거나 겸손히 설득하려는 태도가 내겐 없었다.

나는 왜 싸우지 못해 안달이 나 있는 사람처럼 굴었을까? 얼마든지 유연한 말투로 나 자신을 편집해 대화의 방향을 전환할 수 있었을 텐데 말이다. 이제 나는 이렇게 말할 수 있다.

"고객님이 말씀하신 게 맞습니다. 저도 아쉬운 결과입니다. 경영기획팀과 심하게 다퉜는데, 겨우 이런 결과밖에 내지 못했습니다. 그 대신 만약 이 계약이 성사되면 후속 조치에 대해서는 최고로 대우해 드리겠습니다. 한 번만 이해를 부탁드립니다."

## 말투를 바꾸면 일상이 바뀐다

상대가 아무리 부정적으로 나온다 해도 긍정적인 말로 응답해야 한다. 상대방이 당황한다고 함께 정신이 없다면 아마추어다. 프로페셔널은 어려운 순간에도 내면의 흔들림을 바로 잡고 마음의 평화를 유지하면서, 자신의 말투로 대화를 디자인할 수 있어야 한다. 다음은 내가 아는 한 부부의 이야기다.

그 부부는 10년 넘게 살던 아파트를 팔려고 했다. 그런데 마지막 순간에 사려는 사람과 티격태격하게 되었다. 구두로 얼마에 매수하겠다고 이야기가 나온 상황이었는데, 막상 계약하는 자리에 와서 다른 말을 하니 당연히 짜증스러울 수밖에 없었다.

그런데 이런 상황이 한마디 말로 해결됐단다. 무슨 말이었을까. 참고로 팔려는 부부는 30대 후반이었고, 사려는 사람은 결혼을 앞두고 집을 보러 다니던 신랑의 어머니였다.

이미 매매가 협의가 끝난 것을 신랑의 어머니가 막판에 트집을 잡으며 깎으려고 하자 판매자인 부부의 기분이 상할 대로 상한 상태였다. 이때 파는 쪽의 남편이 이렇게 말했다고 한다.

"그런데 어머니, 이 집은 이상하게 애가 잘 생겨요. 우리 부부도 아들 둘을 낳았고, 우리보다 먼저 살았던 부부도 애가 둘이었고요."

마트가 가까워서 좋아요, 이 동네는 조용한 곳이에요, 지하철이 가깝습니다 등등. 많은 말을 해도 별로 관심을 갖지 않던 매수자의 어머니는 아이를 둘 낳았다는 말에 반색을 하며 당장 계약하자고 했다.

이 남자, 참 현명하지 않은가? 감정 섞인 날카로운 말로 대응하기보다 상대의 관심을 끌 수 있는 화제를 부드러운 말투로 꺼냈으니 말이다. 말투를 컨트롤할 줄 아는 대화 편집자로서 손색이 없어 보인다. 생각해보자. 이 경우에 커뮤니케이션 충돌의 이유는 단 하나, 돈이었다.

하지만 해결은 돈이 아닌 다른 방법으로 이루어졌다. 문제의 핵심을 돈이 아닌 자녀로 전환한 순간, 모든 상황이 종료된 것이다. '말투의 힘'이 제대로 발휘된 순간이 바로 이럴 때가 아닐까?

상대방이 원하는 것을 한 번 더 생각해보고 차분하게 표현하는 말투, 주어진 이슈에 매몰되지 않고 좀 더 넓은 시각에서 상황을 전환시킬 줄 아는 말투, 이런 것을 하루에 하나씩이라도 축적하는 연습이 필요하다. 이 모든 것들이 모여서 세상을 뚫고 나가는 삶의 지혜가 된다. 그러니 흥분하지 않고, 문제의 방향을 적절한 순간에 전환할 줄 아는 유연한 말투의 편집을 늘 염두에 두자.

**SPEECH EDITING**

상대가 원하는 것을 한 번 더 생각하면서 차분하게 대응하는 말투, 주어진 이슈에 매달리지 않고 적절한 순간에 상황을 전환시킬 줄 아는 말투, 이런 말투가 모여 세상을 뚫고 나아가는 무기가 된다.

## ❸ 주절주절 말하면
## 주접이 된다

### 간결함으로 세계시장을 잡아먹다

2005년 9월 7일, 샌프란시스코에서 개최된 기자 초청 행사에서 애플사는 초슬림형 아이팟인 '아이팟 나노(iPod nano)'를 발표했다. 그 당시만 하더라도 기존의 아이팟이 대부분 하드디스크를 저장 장치로 사용했는데, 아이팟 나노는 플래시 메모리를 저장 장치로 사용해서 대단히 가볍고 얇았다.

이 행사의 주인공은 당연히 스티브 잡스였다. 워낙 대화 내공이 싶어 언제나 최고 레벨의 화술을 보여주는 사람이긴 하지만, 당시의 모습이 내가 본 그의 프레젠테이션 중에서 최고였다. 간결하고 우아한 말투가 무엇인지를 말해주는 모습이었다.

애플의 CEO였던 스티브 잡스는 청바지를 입고 나타나서, 카메라맨에게 자신의 청바지 주머니를 비춰달라고 말한다. 단상에 서 있는 그의 청바지가 비춰지자, 그는 주머니에서 아이팟 나노를 꺼냈다. 스티브 잡스가 강조하고 싶은 건 '얼마나 작은가?'에 관한 것이었다.

그것이 전부였다. 그날의 키워드는 '작다'는 말 한 마디뿐, 스티브 잡스는 아이팟 나노의 다른 기능에 대해서는 아무 말도 하지 않았다. 그는 프레젠테이션 내내 '정말 작은 크기(really small size)', 즉 '작다'는 콘셉트 하나만 집중해서 강조했던 것이다.

그가 'It's really small'을 강조하는 순간, 화면에는 아이팟 나노의 '작음'을 말해주는 이미지들이 연달아 올라오고 있었다. 그는 이렇게 말했다.

"아이팟 나노는 2호 연필보다 얇습니다."
"아이팟 나노는 아이팟 오리지널보다 80퍼센트 작습니다."

"아이팟 나노는 아이팟 미니보다 62퍼센트 작습
니다."

"아이팟 나노는 아이리버보다 68퍼센트 작습니
다."

"아이팟 나노는 소니플레이어보다 67퍼센트 작습
니다."

'작다'라는 개념 하나만 물고 늘어지면서도 이렇게 멋진
프레젠테이션이 가능하다니, 감탄밖에 나오질 않았다.
그는 애플이 만든 제품이니 다른 기능이야 말할 필요가
없다는 듯이 자신만만한 태도였다.

아이팟 나노가 출시된 후 얼마 지나지 않아서, 한국
의 기업에서 비슷한 상품인 mp3 플레이어를 출시했다.
그 회사의 임원이 나와서 상품에 관한 프레젠테이션을
했다.

결과는 실망스러웠다. 간결함과는 거리가 멀었고, 화
려했지만 우아하지 않았으며, 모든 것이 지루하기만 했
다. 새로운 기능은 이렇고 저렇고, 업데이트된 기능은
저렇고 이렇고, 경쟁사의 제품과 이래서 다르고 저래서

다르고…….

한 마디로 어수선했다. 음향 효과와 화려한 색채는 압도적일만큼 대단했지만, 스티브 잡스의 프레젠테이션을 도저히 따라잡을 수는 없었다. 그건 '간결함'과 '장황함'의 싸움이었다. 애플의 압승이었다.

주절주절 말하는 것이 모이면 주접이 된다. 주절주절 말한다는 건 상대방을 배려하지 않는다는 것과 다름없다. 대화가 아니라 주접일 뿐이라는 걸 모르기에 일어나는 비극이다.

그럼에도 우리는 이 당연한 사실을 외면해왔다. 파워포인트 한 장에 사진 하나 달랑 넣어놓고서 '작다'라는 키워드 하나만으로 승부를 보는 스티브 잡스는 이런 면에서 말투 편집의 대가다.

온갖 미사여구를 잔뜩 집어넣거나 온갖 정보들을 모두 말해야 비로소 안심이 되는 말투 습관은 오히려 소통을 망치고 주제를 파악하기 어렵게 해 대화를 엉망진창으로 만든다.

짧은 그리고 간결한 말투는 당연히 어렵다. 하지만 핵심 없이 주절주절 늘어지는 말투는 일종의 민폐다. 그런 언어 표현 방식으로 얻을 수 있는 건 아무것도 없다. 세상은 간결함을 원한다. 간결하고 정돈된 말투가 우아한 대화 습관을 가져온다는 사실을 기억해야 한다.

## 나를 알릴 수 있는 기회가 왔다면

내가 저질렀던 실수 하나를 소개하겠다. 회사에서 '혁신 커뮤니티'라는 팀의 구성원으로 참여할 때였다. 약 20명이 넘는 사람이 회의실에 모였다. 잠시 후 리더가 입장하고 이런저런 얘기를 하다가 각자 조직의 혁신에 대한 의견을 말하는 시간이 되었다.

다른 사람들의 말은 너무나 간단했다. 나는 의문이 들었다. '자신을 알릴 수 있는 기회인데, 왜 저렇게 간단히 말들을 할까?' 내 차례가 왔다. 이럴 때 나를 제대로 알려야겠다는 생각이 들었다.

"저는 혁신 커뮤니티에 들어온 것을 영광으로 생각합니다. 현장에서 느낀 모든 것들에 대해 여러분들과 함께 공유하고 싶습니다. 저는 지금 영업 사원으로 현장을 누비고 있습니다. 현장에서 모든 게 나온다고 생각합니다. 고객을 모시는 영업 사원으로서 회사의 혁신을 위해 함께하겠습니다. 현재 저는 A라는 고객을 모시고 있습니다. VIP 고객 중에서도 VIP 고객입니다. 잘 모셔서 올해도 저의 개인적인 성과를 달성하도록…"

이쯤에서 나는 말을 끊을 수밖에 없었다. 왜냐하면, 리더가 이야기를 줄이라고 손짓하며 말하는 것이 아닌가.

"우리에게 오늘 시간적 여유가 없어서……. 간략하게 마무리해주시겠습니까?"

부끄러웠다. 혁신 커뮤니티에 온 사람들을 향해 내가 그동안 이뤄낸 성과를 쏟아내며 잘난 척할 이유는 하나도 없었다. 조직의 혁신을 위해 필요한 각오만 말하면 되는데, 나는 그것을 도외시했던 것이다.

나는 그 자리를 나를 알릴 수 있는 기회로 보았고, 그래야 내가 차별화된다는 유치한 생각에 빠졌다가 망신만 당한 것이다. 주절주절 말투가 주접이 되는 순간이었다.

많은 말보다 핵심만을 표현할 줄 아는 간결한 말투에 상대방은 오히려 쉽게 설득당한다. 그저 그런 이야기를 길고 오래 하는 것은 타인에 대한 배려가 부족할 뿐 아니라, 판단이 안 되는 미련한 사람이라는 인상을 준다.

스티브 잡스의 간결한 말투를 되새겨보자. 그가 세계

시장을 석권한 것처럼 요점만 간략히 전하는 표현의 기술을 배우자.

## SPEECH EDITING

말하기 전에 먼저 요점 정리를 하라. 무슨 말을 할지 생각하지 않고, 앞뒤 맥락 없이 횡설수설하는 건 상대방을 배려하지 않는 것과 같다. 주절주절 말하는 건 대화가 아니라 주접일 뿐이다.

## ❹ 말투는 서비스다

**세상에서 가장 듣기 싫은 말 두 가지**

살면서 자신을 지켜내고 성장시키는 것만큼 중요한 일이 또 있을까? 자신을 성장시키는 경험이야말로 자신에 대한 진정한 사랑이 아닐까 싶다.

자신을 사랑하는 일은 무엇으로 시작할 수 있을까? 많은 것이 있겠지만, 나는 자신에 대한 긍정이 먼저라고 생각한다. 자기 성장은 물론 자기 보호에 있어서도 자기 긍정만큼 강력한 수단은 없다고 해도 지나치지 않는다.

언젠가 중견 기업의 임원과 대화를 나누었다. 그는 이렇게 말했다.

"세상에서 가장 듣기 싫은 말이 두 가지가 있는데, 하나는 '그게 아니고요……'이고, 다른 하나는 '네?' 라고 생각합니다."

모두가 'Yes'라고 말할 때 혼자만 'No'라고 하는 용기도 중요하지만, 그것은 자신은 물론이고 세상에 대한 긍정이 전제될 때만이 인정받을 만한 말투다.

시도 때도 없이 '그게 아니고요……'라며 부정적인 입장에 서서 자기 의견을 말하고, '네?'라는 반문으로 우물쭈물하는 말투가 입에 들러붙은 사람을 예쁘게 봐줄 수는 없다는 게 그의 생각이었다.

이 말의 행간에 들어 있는 단어가 하나 있으니, 바로 '긍정'이다. 속내는 부정적이라도 말투만큼은 악착같이 긍정에 매달리는 태도가 필요하다는 얘기다. 그 임원은 이렇게 말을 끝맺었다.

"긍정적인 태도가 보이는 말로 자기표현을 하는 사람에게 성장의 기회는 반드시 옵니다. 환경이 팍팍하더라도 방어적이기보다는 능동적인 모습을 억

지로라도 보여주는 게 낫다는 얘기입니다."

세계적인 골프 선수가 '굿샷'의 비결에 대해 이렇게 말하는 걸 본 적이 있다.

"프로라고 해도 티샷(각 홀의 최초의 샷)을 실패할 경우가 생깁니다. 그럴 때 저는 다음 장소로 이동하면서 '임팩트가 약했어. 세컨샷에서 또 실수하면 어쩌지' 같은 부정적인 생각을 떨쳐내려고 노력합니다. 대신 이렇게 생각합니다. '경치 참 좋다. 세컨샷은 어디로 보낼까?' 이처럼 생각을 긍정적인 쪽으로 돌리면 그만큼 긍정적인 결과를 얻는다는 것이 나의 굿샷 비결입니다."

예전의 나는 굉장히 삐딱한 사람이었다. 똑같은 현실을 보고서도 다른 사람들보다 부족한 부분에 먼저 눈이 가서 입만 열면 불평불만을 내뱉었다. 부정의 말투로 나를 방어하려는 어리석음이 가득한 태도였다.

하지만 언젠가부터 긍정적인 말투를 표현하는 습관이

생기면서, 내 주변의 모든 것들이 신기하게도 나의 성
공을 위해 도와주려고 달려든다는 걸 알게 되었다. 특히
나는 영화 〈죽은 시인의 사회〉(1990)에서 아이들의 우상
인 키팅 선생님이 이런 말을 하는 대목이 가장 인상 깊
었다.

"그 누구도 아닌 자기 걸음을 걸어라. 나는 독특하
다는 것을 믿어라. 누구나 몰려가는 줄에 설 필요는
없다. 자신만의 걸음으로 자기 길을 가라. 바보 같은
사람들이 뭐라 비웃든 간에."

### 긍정의 말, 부정의 말

그렇다면 무엇이 긍정의 말투이고, 어떻게 긍정의 말투
가 내 입에서 나오게 할 수 있을까?

우선 노력이 필요하다. 스스로를 부정적으로 이끄는
마음가짐을 누르고 일상의 말투에서부터, 긍정의 언어
를 찾아내려는 노력을 시작하면 좋겠다. 부정의 말투는
내다 버리고, 긍정의 말투를 나만의 스타일로 만들어야
한다. 예를 들어보자.

| 부정의 말 | 긍정의 말 |
| --- | --- |
| 왜 그렇게 말이 많아? | 말로 표현을 잘하는구나. |
| 너무 꼼꼼한 것 아니야? | 참 세심하구나. |
| 너무 냉정한 거 아니야? | 맺고 끊는 게 확실하구나. |
| 왜 그렇게 겁이 많지? | 조심성이 있어서 좋아. |

당신의 행동이나 의견에 상대가 위의 예시처럼 부정의 말투로 대응한다면 어떻겠는가? 그렇기에 당신 또한 상대방에게 바로 틀렸다고 지적하기보다는 긍정의 말투로 대하자. 경청과 포용의 태도가 담긴 긍정의 말투야말로 인간관계를 맺고 유지하는 데 가장 중요한 요소이다.

긍정의 말투와 관련된 사례 하나를 더 확인해보자. 당신이 한 회사의 임원인데, 경력 사원을 뽑게 되었다. 면접장에 들어갔다. 두 명의 지원자가 기다리고 있었다. 질문을 했다.

"이전 회사는 왜 그만두었습니까?"

이 물음에 대한 대답은 다음과 같았다. 당신은 누구를

선택하겠는가?

> A : 상사와의 갈등 관계를 도저히 참을 수 없었습
> 니다. 조직의 분위기가 혼탁하다 보니 저 역시
> 일이 손에 잡히지 않을 정도였습니다. 물론 저
> 는 최선을 다해서 일을 했고, 탁월한 성과를 냈
> 다고 자부합니다.
> B : 이전 회사는 어려운 환경에서도 제가 발전할
> 수 있는 기회를 준 곳입니다. 하지만 이제 좀
> 더 나은 미래를 위해, 또 도전적인 일을 해보고
> 싶어서 그만두게 되었습니다.

당신은 당연히 B와 같은 말투를 사용하는 사람을 **뽑고**
싶을 것이다. 긍정의 말투는 A처럼 누군가를 헐뜯으면
서 부족한 부분에만 집중하며 표현하는 게 아니다. 자신
이 다녔던 회사라면 아끼고 사랑하는 마음을 드러내야
할 텐데, 누워서 자기 얼굴에 침을 뱉는 A의 행위는 어
리석기 짝이 없는 행동이다.

말투는 상대방을 향한 서비스 같은 것이다. 긍정의 서

비스, 배려의 서비스, 양보의 서비스를 뜻한다. 이런 언어습관이 나쁜 결과를 가져올 리가 없다.

정리하는 차원에서 마지막으로 다음의 두 사람의 말투 중 하나를 선택해보자.

A : 네? 그게 아니고요…….

B : 아, 제가 생각하지 못한 것입니다. 덕분에 바로 잡을 수 있게 되었습니다. 감사합니다.

1초의 고민도 없이 B를 선택하는 당신이 되기를 바란다. 그로 인한 결과가 하늘과 땅 차이임을 알았으니, 이제부터는 긍정의 말투를 늘 염두에 두고 말하자.

**SPEECH EDITING**

악착같이 긍정에 매달려라. 긍정을 담은 말투로 자기표현을 하는 사람에게 성장의 기회가 온다. 환경이 팍팍하더라도 억지로라도 능동적인 모습을 보여주는 것, 그것이 말투에 스며들도록 하라.

# 3장

# 적절한
# 거리 두기가
# 필요하다

### 그가 취업 면접에서 떨어진 이유

의견이나 이해의 충돌을 우리는 '마찰'이라고 부른다. 따라서 원만한 인간관계는 마찰을 어떻게 없애고 적절하게 유지하느냐에 달려 있다.

인간관계에서 자신의 강점을 어디에 어떻게 발휘해야 힘이 되는지를 알기 위해서는, 자기 주변의 사람들과 어떻게 관계를 맺고 있으며 어떤 불협화음이 있는지를 관찰하는 게 우선이다.

마찰은 보통 부정적인 의미로 여겨져서 마땅히 없애야 할 무엇으로 생각된다. 인터넷에 올라오는 '오늘의 운

세'에도 빠지지 않고 나오는 말이 있으니 바로 마찰이다.

· 10월 1일(화) / 미리 보는 내일의 별자리운세 :
동료와 마찰이 있을지도 모를 하루. 양보와 배려가 우
선이다.

· 10월 2일(수) / 미리 보는 내일의 별자리운세 :
거래처와 업무상 마찰이 있을 운세. 먼저 화해를 시도
하는 적극적인 자세가 필요하다.

· 10월 3일(목) / 미리 보는 내일의 별자리운세 :
가족과 마찰이 있으나 잘 해결되며, 하는 일이 모두 잘
되는 하루다.

3일 연속 마찰이 있다는 말에 헛웃음이 나온다. 그런데
마찰이 없으면 무작정 좋을까? 거꾸로 마찰 없는 인간
관계는 무조건 유익하기만 할까?

마찰이 예상되는 상황에서 상대와 적절한 거리를 두
고 관계를 원활하게 만들어나갈 수 있어야 한다. 적절
한 거리를 두는 말투를 사용한다는 건 상대방에 대한 예
의와 배려를 나타내기에, 자신의 소통 역량을 내보일 수

있는 계기가 된다.

한 취업 사이트에 따르면 구직자 3명 중 2명은 잘못된 의상 때문에 면접에서 떨어졌다고 생각한 적이 있다고 한다. 이 말이 사실일까? 나는 그럴 수 있다고 생각한다.

옷차림은 첫인상을 좌우하는 중요한 요소이다. 또한 경우에 따라서 '내가 이 회사에 입사하기 위해 이만큼 노력하고 왔다'는 것을 알리는 역할도 한다.

물론 옷차림이 면접의 본질은 아니다. 면접은 지원자가 채용될 자격이 있는지 여부를 직접 만나서 확인하는 과정으로, 예의에 어긋날 정도가 아니라면 옷차림이 결정적인 불합격 사유가 될 수 없다.

어설픈 포장 때문에 알맹이를 제대로 보지 못하는 면접관이 있다면, 그런 면접관이 채용을 담당하는 회사야말로 수준 이하다. 정말로 옷차림이나 헤어스타일 탓에 불합격이 됐다면 혹시 탤런트나 모델 오디션을 본 것은 아닌지.

하지만 무엇보다도 면접에 임하는 구직자 입장에서 지켜야 하는 기본 중의 기본은 말투다. 태도가 겸손하고, 단어 하나를 구사하더라도 품위 있게 표현하고, 안

정된 속도로 말한다면 플러스 점수를 받을 확률이 높다.

이것이 바로 말투의 힘이다. 따라서 면접을 단순히 시험이라고 여기지 말고, 낯선 사람과의 커뮤니케이션이라고 생각하는 사람이 취업에 유리하다.

면접에서는 제한된 시간 내에 자신의 생각을 설득력 있게 펼칠 수 있는 대화의 기술이 필요하다. 이는 하루 이틀 만에 터득할 수 있는 게 아니어서 평소 꾸준하게 훈련을 해야만 효과를 볼 수 있다.

면접에서 말을 잘했는데 떨어졌다고 억울해하는 사람들이 있는데, 너무 장황하게 말을 한 경우가 태반이다. 자신을 부각시키기 위해 지나치게 말을 많이 하는 것은 독선적이라는 인상을 주기 쉽다.

이렇게 되면 훌륭한 답변을 해도 왠지 '잘난 척하는구나', '말만 잘하는군' 하는 정도로 평가되기 쉽다. 면접관이라는 낯선 상대와의 대화에서 적절한 거리, 적절한 태도를 유지할 줄 알아야 더 높은 점수를 받을 수 있음을 명심하자.

면접은 완벽한 인간이 아니라 적임자를 찾는 시간이다. 상대와의 대화를 통해 거리를 좁히고, 나와 다른 생각으로 일어나는 마찰이 당연하다고 받아들이는 태도를 보인다면, 어떤 인간관계에서도 돋보일 것이다.

## 존중은 적절한 거리 두기에서 나온다

독서 모임을 함께하던 어느 교사로부터 들은 얘기다. 어릴 적부터 한쪽 다리가 불편했던 그는 어른이 된 지금도 목발이 필요하다. 언젠가 그가 담담히 자신의 이야기를 털어놓은 적이 있다.

"초등학교 3학년 때였어요. 무척 더운 날이었죠. 목발을 짚고 지하철 계단을 올라가고 있는데, 누군가 한손에 들고 있던 저의 신발가방을 툭 잡아채더라고요. 깜짝 놀라 쳐다보니 어떤 아주머니가 서 계셨어요. 그런데 그분이 끌끌 혀를 차며 이렇게 말씀하셨어요. '아휴, 불쌍해라. 아줌마가 도와줄게!'"

그는 계단을 어떻게 올랐는지 모를 정도로 모멸감에 휩싸였다고 회고했다. 그는 이렇게 덧붙였다.

"성인이 된 지금도 여전히 그런 시선은 불편해요. 나이도 먹을 만큼 먹었고, 그런 일을 겪을 만큼 겪었지만 여전해요. 누군가의 갑작스런 동정의 말이나 시선은 받아들이기 힘듭니다. 어릴 때와 달라진 점이 있다면, 이제는 그런 일방적인 동정을 적극적으로 거부한다는 것입니다."

그는 이제 완연히 성인이 되었지만 자신의 목발과 다리를 빤히 쳐다보는 시선은 여전히 불편하다고 말했다. 일방적인 동정이 섞인 시선은 폭력일 뿐이라고 했다.

그러면서 이제는 그런 시선에 고개를 푹 숙이거나 피하지만은 않는단다. 대신 당당히 대응을 해준다고 한다.

"제가 그렇게 이상한가요?"

이제 그는 상대의 불필요한 관심으로부터 벗어날 줄 알고, 자신의 의지를 지키는 일에도 두려움 따위는 없다. 회피를 선택하는 대신 잘못된 상황을 만들어낸 상대방에게 주저하지 않고 자신의 의사를 표현하는 정면 돌파를 선택한 것이다.

상대의 몸이 불편하고, 자기는 멀쩡하다고 해서 무조건 동정 어린 눈으로 바라볼 권리를 가진 사람은 아무도 없다. 그래도 나는 뭔가 해결되지 않는 느낌이어서, 그에게 다시 물어봤다.

"그래도 어린아이가 힘들게 걷고 있으면 도움을 주고

싶을 수도 있지 않나요? 만약 그렇다면 어떻게 행동하는 게 좋은가요?"

그는 한동안 생각에 잠겼다가 천천히 말했다.

"우리처럼 일상에서 늘 타인의 시선에 괴롭힘을 당하는 사람들에게는 조금 조심스럽게 대해주셨으면 좋겠어요. 그냥 지나칠 수 없다면 '혹시 도와드릴 게 없을까요?'라고 다가서는 게 좋겠지요. 도움을 받는 사람의 자기결정권을 인정하는 게 우선임을 잊지 말아야 합니다."

자신의 판단만으로 행동하기보다 정중하게, 그리고 신중하게 상대의 의사를 물어보는 태도가 필요하다는 말이었다. 이를 무시하는 존중이 부재된 표현들은 상대로 하여금 점점 더 타인을 의식하게 만들고, 설령 마찰이 생기지 않더라도 진정성 있는 소통을 막는 길일 뿐이다. 그는 또 이렇게도 말했다.

"어설프게 배려하기보다는 아예 적절하게 거리를 두는 것이 세상의 모든 약자를 진정으로 돕는 일입니다."

나와 상대방 사이에 생길지 모를 마찰을 늘 인식하면서 관계의 거리를 적절하게 조절해나가려는 노력이 필요하다는 그의 말이, 오래도록 나의 뇌리에 남았다.

**SPEECH EDITING**

면접은 완벽한 인간이 아니라 적임자를 찾는 시간이다. 문제는 그 시간이 무척 짧다는 것으로, 면접관의 뇌리에 임팩트 있게 자리 잡을 옷차림과 말투를 편집할 필요가 있다.

## ❷ 당신이 최근에 만난 다섯 사람

**나의 가치가 결정되는 인간관계**

언젠가 한 신문에서 다음과 같은 내용의 기사를 읽은 적이 있다.

구글은 매주 금요일마다 전체 직원이 모이는 'TGIF(Thanks God It's Friday)' 행사를 갖는다. 이 자리에서는 구글의 매출이나 실적, 경쟁사의 제품이나 마케팅 등에 대한 이야기를 하지 않는다. 대신 구글이 지난 한 주 동안 세상을 이롭게 하기 위해 어떤 의미 있는 일을 했는지, 거기서 구성원들은 어떤 일을 했는지, 그리고 구글러들의 행복과 문화를 어떻게 발전시킬 것인지에 대한 비전을 나눈다.

6년 전쯤의 기사로, 너무 인상적이어서 기억에 남아 있다. 지금은 한국의 많은 기업들도 조직 구성원들과 실적이나 매출 같은 얘기가 아닌 조직 문화에 대한 이슈로 시간과 공간을 할애하고 있는데, 이는 커뮤니케이션의 수준을 높여 생산성과 효율성까지 향상시키는 성과를 얻어내고 있다.

그럼에도 나는 여전히 구글 같은 세계 최정상 기업의 조직 문화에 대해 궁금증이 있다. 과연 그런 식의 모임을 통해 회사가 결과를 이끌어낼 수 있을까?

그러던 중 구글에서 오랫동안 일했다는 한국인의 강연을 듣게 되었다. 그는 구글만의 조직 문화에 대한 것도 말했지만, 개인의 인간관계에 대한 얘기도 했다.

구글이 구성원을 존중해주는 만큼 구성원들 역시 각자의 가치 향상을 위해 인적 네트워크 수준을 높이는 모습에 관한 내용이었다. 그런데 그 말 속에 숨어 있는 비밀의 키워드가 있었으니, 바로 숫자 '5'였다. 그는 이렇게 말했다.

"자신이 누구인지 설명하는 가장 좋은 방법이 있
습니다. 최근에 만난 다섯 사람이 누구인지 확인해
보면 됩니다. 그 다섯 사람의 평균이 바로 나 자신이
니까요."

우리는 나를 어떻게 세상에 내보낼지의 방법에 대해 고
민한다. 하지만 내 말을 들어주는 사람들이 누구인지에
대해서는 신경 쓰지 않는다.

일상생활에서 만나는 사람들, 그리고 그들과 나눈 대
화에 따라 나의 가치가 결정된다는 평범한 사실을 무시
한 채 말이다. 가장 최근에 만난 다섯 사람이 누구였는
지 되새겨보는 건 내가 주로 어떤 언어 습관을 가졌는지
확인하고, 나아가 나의 삶을 편집하는 데 있어 매우 중
요하다.

## 나는 평소에 어떤 대화를 나누는가?

우선 나부터 확인해보자. 2020년 3월 13일 금요일 저녁 7시 28분 현재, 나는 다음과 같은 사람들을 만났다. 일단 가족은 제외한다. 참고로 만난 사람의 기준은 나와 말을 섞은 것을 원칙으로 한다. 단순한 거래 관계, 예를 들어 식당이나 편의점에서의 관계는 제외한다.

1. **와인 애호가** - 200병 이상의 와인을 보유한 의사
2. **고객 담당자** - 정보 시스템 회사에서 일하다 이직한 엔지니어
3. **회사 후배** - 항상 편하게 얘기할 수 있는 동료
4. **회사 선배** - 업무에 대해 빠른 정보를 받을 수 있는 영업 사원
5. **사회 친구** - 늘 친숙하게 지내는 선배

리스트를 작성했다면, 내가 이들과 무슨 대화를 나눴는지를 적는다(주제를 중심으로 작성).

1. _____

2. _____

3. _____

4. _____

5. _____


자, 이제 다섯 사람을 만나서 대화한 5개의 이슈가 정리되었다. 다섯 사람과 대화한 것들의 평균을 낼 수가 있는가? 나를 성장시키는 이야기들로 가득했는가? 아니면 별로 의미도 없는 말로 시간을 보냈는가?

그리고 생각해보자. 더 나은 인간관계는 없었을까? 한번 진지하게 돌아보자. 이런 방법은 어쩌면 자신을 아는 최고의 길일 수 있다. 지금 이 책을 읽는 시점을 기준으로, 당신이 가장 최근에 만난 다섯 사람을 역순으로 아래에 적어보자. 이름 옆에 그들이 하고 있는 일을 간단하게 적어보는 것도 좋다. 직업, 회사에서 맡고 있는 업무 등을 말이다.

1. _____ _____

2. _____ _____

3. _____ _____

4. _____ _____

5. _____ _____

다섯 사람과 나눈 대화의 주제를 간략하게 적어보자.

1. _____

2. _____

3. _____

4. _____

5. _____

자, 이제 5개 이야기의 주제를 살펴보자. 주로 무슨 이야기를 했는가? 이것 역시 간략하게 적어보자.

_____

_____

나는 누구인가? 그동안 자기 자신에 대해 몰랐다면, 바로 위에서 적은 한 줄이 바로 자신 또는 자신의 최대 관심사라고 봐도 무방하다. 좋은 사람을 주변에 두려고 고민하기 전에, 내가 누구이고 어떤 사람이 되어야 하는지를 알아야 한다.

'동질혼(Homogamy)'이라는 말이 있다. 사회학에서 나오는 말인데, 자신과 비슷한 사람과 결혼하는 경향을 말한다. 아래의 사례를 보면 더욱 명확해질 것 같다.


S대를 졸업한 변호사 A씨는 같은 대학을 나온 의사 B씨와 지난해 1월 결혼했다. 친구인 외교관 C씨는 함께 Y대를 졸업해 국내 굴지의 대기업에 다니던 D씨와 결혼했다.


S대를 졸업한 지상파 방송국 PD인 M씨는 K대를 졸업한 변호사 F씨와 결혼했다. 비슷한 시기에 S대를 졸업해 대기업 전자사에 다니는 친구 G씨는 같은 대학을 나와 외국계 회사에 다니는 H씨와 결혼했다.

이 얘기는 모 주간지에서 발췌한 내용이다. 불편하지

만, 현대사회에서 엄연히 일어나는 현상을 부정하고 싶
지는 않다. '불편한 진실'이라고 말해도 좋을 것이다.

사회학자들은 학력이나 사회적 지위, 경제적 능력이
비슷한 사람끼리 결혼하는 동질혼 경향이 점차 강해지
고 있다고 말한다. 이런 현상은 불평등과 차별의 시작이
고, 네 편 내 편을 가르는 행위 같다. 그럼에도 이를 보
면, 자기 주변의 사람이 결국 자기 자신을 만든다는 것
에는 이의를 달기가 힘들다.

인간은 모두가 유유상종으로 끼리끼리 서로 내왕하며
살게 된다. 좋은 친구를 사귀면 좋은 사람이 되지만, 나
쁜 친구를 사귀면 악의 늪에 빠지기는 너무나 쉽다는 말
도 있지 않은가? 인간관계의 편집에 나서기 전에 지금
자기 주변의 다섯 사람이 누구인지 살펴보는 것이야말
로 자신을 세상에 멋지게 드러내기 위한 괜찮은 방법이
아닐까 싶다.

이제 사람은 가려서 만나야 한다는 말에 당신도 머리
를 끄덕이고, 스스로 그런 인적 네트워크의 주인공이 될
수 있어야 한다. 그래야 세상 누구보다도 소중한 자신을
지킬 수 있으니 말이다.

**SPEECH EDITING**

최근에 만난 다섯 사람이 당신을 말해준다. 인간관계 디자인에 나서기 전, 지금 주변의 다섯 사람이 누구인지 살펴보자. 자신을 세상에 멋지게 드러내는 길은 바로 여기서 시작된다.

# ❸ 인간관계와 대학 입시의 다섯 가지 공통점

**칭찬이 어려운 당신에게**

거리를 적절하게 둔다는 것은 상대를 멀리하는 것뿐만 아니라, 때로는 거리를 좁히는 일도 필요할 때가 있다는 의미다. 그렇다면 관계를 좁히기 위한 말투 편집법에는 어떤 것이 있을까?

많은 방법들이 있겠지만, 그중에서도 가장 쉽고 가장 빠른 방법은 칭찬이다. 칭찬 하나만 적절하게 표현해도 주위 사람들과의 거리를 현저하게 좁힐 수 있다.

그런데 우리는 칭찬에 무척 인색하고, 칭찬을 하더라도 몹시 어색해한다. 심지어 너무 잦은 칭찬은 인간관계를 망치는 장애가 된다고 말하는 사람도 있다. 누군가를 칭찬하는 말을 가볍게 하면 오히려 상대를 얕잡아 보는 것 같다는 게 그의 의견이다.

언젠가 텔레비전 다큐멘터리 프로그램에서 '잘못된 칭찬이 아이들에게 미치는 영향'이라는 주제로 토론하는 걸 본 적이 있다. 아이가 수학 시험에서 90점을 받았는데, 이때 부모가 말한다.

"와! 아들아, 90점을 맞다니 너는 수학 천재인가 보다. 네가 최고야. 역시 엄마 아빠의 기대를 저버리지 않는구나. 다음에는 100점을 맞도록 하자!"

전문가는 이런 식의 칭찬에 문제가 있다고 했다. 결과에 대한 과도한 칭찬은 당사자를 부담스럽게 만들고, 다음에 더 잘하지 못하면 어쩌나 하는 걱정을 일으키게 만든다.

전문가가 말하는 제대로 된 칭찬은 결과에 대해 잘했다는 말보다, 과정에 대한 성취도를 애정 어린 눈으로 바라보고 노력과 수고에 격려하는 것이라 했다.

사실 칭찬은 상대에 대한 관심이 있어야 가능하다. 하지만 우리는 그렇지 못하기에 칭찬할 게 없는 상황에 봉착한다. 그렇다고 무턱대고 칭찬한다는 건 우스운 일이 될 텐데, 어떻게 하면 좋을까?

나의 말이 사람들에게 힘이 되고 밝은 기운을 줄 수 있도록 말투를 편집하면 된다. 한마디를 하더라도 상대의 마음 상태를 배려하면서 조금 더 따뜻하게 표현하자. 그러면 굳이 칭찬의 말이 아니더라도 긍정의 에너지를 나눌 수 있다.

### 좋은 사람들을 만나는 법

칭찬하는 삶에 익숙해지려면 주변에 좋은 사람들을 배치하는 일도 중요하다. '끼리끼리 논다'는 말이 있다. 사회적 배경이 비슷하면 서로를 더욱 이해하기 쉽다는 뜻이지만, 반대로 가까이 지내다 보면 사회적 배경이 비슷해질 수 있다는 뜻이기도 하다.

나 또한 주변을 좋은 사람으로 가득 채워서 내게 주어진 시간을 온전히 즐기고 싶다. 무리한 꿈이라고는 생각하지 않는다. 나의 노력에 의해 얼마든지 가능해질 수 있는 일이다.

주변에 좋은 사람을 배치하는 것은 마치 시험을 보는 것과 비슷하다고 생각한다. 대학 입시 시즌이 되면, 항상 언론에 등장하는 다음과 같은 유형의 기사를 통해 그 유사성을 확인해볼 수도 있다.

첫째, 관계의 기본은 자신감과 긍정적인 마인드다.

"2019학년도 대입 수능이 3일 앞으로 다가온 가운데 수험생들은 자신감을 갖고 긍정적인 마인드로 시험에 임하는 것이 바람직하다."

누군가를 만날 때 우리에게 필요한 것은 자신감과 긍정의 마인드다. 나는 지난날을 돌아볼 때마다 아쉬운 생각이 든다. 좀 더 사람들을 폭넓게, 그리고 깊이 있게 만날 수 있었는데, 뭔지 모를 콤플렉스 때문에 사람들을 멀리했다.

그때의 나는 괜히 주눅이 들었고 부정적인 생각에 매몰되어 있었다. 그러다 보니 나의 부족한 점을 감추느라 공격적인 말투로 상대를 당혹스럽게 만든 적도 더러 있었다. 나는 스스로에게 이렇게 외쳤어야 했다.

"나는 완벽하지 않아도 충분히 매력적인 사람이다."

둘째, 상대에 대한 최소한의 정보는 알고 관계를 시작한다.

"수험생들은 예비소집에 반드시 참가해서 교통편이나 교실 등을 미리 확인하고 준비물을 챙긴 후 평소와 같이 숙면을 취하는 것이 좋다."

누군가를 만난다는 것은 그의 인생 전체를 온몸으로 경험하는 것이다. 그러니 상대에 대한 기본적인 것들은 최소한 알아야 한다. 그렇기에 필요하면 물어볼 수 있어야 했다.

"당신은 누구십니까?"

셋째, 뭔가 잘 풀리지 않는 관계를 맺게 되면 담담하게 휴식의 시간을 갖는다.

"수능 당일에는 이미지 트레이닝을 통해 자신감과 마음의 안정을 찾는 게 좋다. 쉬는 시간에는 반드시 화장실을 다녀오고, 시험장 밖으로 나가 스트레칭을 하고 충분히 산소를 들이마시자."

부끄러움이나 당혹감 같은 고민은 이미지 트레이닝을 통해 얼마든지 이겨낼 수 있다. 마음을 다잡고 심호흡을 해서 마음을 안정시키자. 마음이 차분해지고 안정된다면 누구를 만나도 즐거운 만남이 가능해진다.

넷째, 잘못된 과거의 관계에 집착할 이유는 없다.

"친구들과 시험에 대한 이야기를 나누는 것은 좋지 않다. 또 지나간 시험문제에 얽매이지 않는 것이 바람직하다. 시험문제를 풀 때 시계를 자꾸 보면 초조해져서 오히려 더 풀지 못하게 된다."

나쁜 과거는 잊어버리자. 내가 겪지 않은 누군가의 문제를 염두에 둘 필요는 없다. 최소한의 정보는 필요하지만, 선입견을 갖는 건 인간관계에서 최악이라는 사실을 잊지 말자.

다섯째, 작은 것부터 하나하나 시도해본다.

"어려운 문제에 너무 집착하지 말고, 쉬운 문제부터 푸는 것이 효과적이며 문제와 지문은 반드시 끝까지 읽고 지문이 긴 문제에 당황하지 말아야 한다."

아마 시험장에서 가장 중요한 코멘트일 것이다. 인간 관계도 마찬가지다. 그동안 소홀히 했던 주위사람들을 차례로 만나고, 그들과 적극적으로 소통하려고 노력해 보자. 미처 알지 못했던 그들의 좋은 점들이 눈에 하나 하나 들어오게 될 것이다.

하지만 제일 중요한 일이 있다. 주변에 좋은 사람을 선택하려는 노력보다 앞서야 할 것이 있으니, 그건 바로 자신이 먼저 남들에게 좋은 사람이 되는 일이다.

언제 어디서든 문제가 생기면. 주위 사람들이 제일 먼저 찾는 사람이 되자. 누군가 고민을 말하면 해결책은 아니라도 끝까지 귀를 기울여주는 사람이 되자. 나에게 기대는 사람들에게 나부터 따뜻한 위로와 함께 칭찬의 말을 건네보는 건 어떨까?

**SPEECH EDITING**

언제 어디서든 문제가 생기면 주위 사람들이 제일 먼저 찾는 사람이 되자. 누군가 고민을 말하면 끝까지 귀를 기울여주는 사람이 되자. 내게 기대는 사람에게 따뜻해서 좋다는 말을 듣자.

### 온라인에 너무 많이 노출된 '나'

요즘은 인간관계가 온라인을 통해 맺어지는 것 같다. SNS가 강제로 인간관계를 만들어주는 것이다. 그것도 꽤 괜찮은, 정확히는 나의 입맛에 맞는 사람들을 골라준다.

어떻게 이런 일이 가능해진 것일까? 4차 산업혁명이나 로봇으로 상징되는 현재는 '알고리즘 사회'다. 그렇기에 자동화된 시스템은 개인화를 촉진하여, 각종 서비스를 개인의 취향에 정확하게 맞춰서 제공하고 있다.

더욱이 인공지능이 복잡한 업무의 수행을 넘어서 의

사 결정 단계에까지 개입하게 되면서, 일부 직업은 도태될 위기에 처했다. 그런가 하면 사회적 관계도 기계에 의존해서 구성되기 시작했다.

문제는, 인간관계처럼 개인이 선택해야 할 몫을 이제는 알고리즘이 대체하게 되었다는 점이다. 나의 취향과 성향을 분석한 인공지능의 알고리즘은 갈등할 만한 요소를 배제한 '끼리끼리'의 인간관계를 가속화한다.

페이스북이 지정해주는 추천 친구 목록을 보라. 신기하게도 내가 선호하는 스타일의 사람들을 알아서 내게 친구를 하라고 권한다. 물론 가끔은 보기 싫은 인간들도 눈에 띄긴 하지만.

사실 나는 페이스북 친구가 극소수에 그친다. 회사와 관련된 사람과 가족을 제외해서 그런가 보다. 그 이외의 친구들은 대개 글을 쓰는 사람이나 독서가들이다.

페이스북 그룹도 마찬가지여서 독서, 문화, 철학 등 인문사회과학 분야가 많다. 가끔 그와 상관없는 이들이 페이스북 친구 추가를 요청하면 나는 이렇게 거절한다.

"미안하지만 나에게 페이스북은 책을 읽고, 글을 쓰는 사람들과 함께하는 공간일 뿐입니다."

나는 이를 나만의 '취향 존중'을 위한 방법으로 여긴다. 사적인 영역인 페이스북에 아무나 친구로 받아들이지 않음으로써, 내 삶을 능동적으로 만들고 있다고 자부한다. 더욱이 나는 그것을 무시하거나 함부로 침범하려는 사람하고는 인간관계를 끊는 게 오히려 낫다는 입장이다. 나는 왜 이렇게 극단적인 생각을 하고 있을까?

페이스북이 나를 너무 잘 알기 때문이다. 숨기고 싶은 부분까지도 이미 파악한 상태이기에 가끔은 서늘한 느낌을 받기도 한다. 추천 게시물 역시 확인해보라. 우리들의 취향과 얼마나 밀접한 경우가 많은가?

나의 내밀한 성향까지 파악하고 있는 페이스북이 뭔가 찝찝한 것도 사실이다. 생각해보면, 있는 그대로의 나를 세상에서 가장 잘 아는 것은 페이스북이 아닐까 싶을 정도다.

게다가 정서적 유대 관계를 페이스북의 알고리즘, 즉 소프트웨어나 로봇에 맡겨야 하는 상황이라니, 무서운 일이다.

## 소셜미디어라서 말투 편집이 더 필요하다

인간이란 상황과 여건에 따라 여러 가지 자아를 표출한다. 사람을 일률적으로 규정하는 페이스북의 알고리즘 구조는 섬뜩하기만 하다.

그럼에도 페이스북에는 분명히 편한 것도 있는 게 사실이다. 내가 일부러 찾아다녀야 하는 사람을 알아서 척척 찾아주니 고맙기도 하다. 하지만 여기서 중요한 사실이 하나 있다. 선순환 구조에 관한 문제다.

선순환 구조란 어떤 업무의 결과가 후속 업무에 긍정적인 효과를 전해 좋은 쪽으로 시너지가 발생하는 구조다. 매출이 늘어날수록 이익 규모가 순차적으로 증가하고, 그에 따라 설비 증설의 필요성이 커지고, 그에 따라 투자가 진행되면서 생산량 증대로 이어져 다시 매출이 증가하는 게 그 사례다.

그렇다면 선순환 구조의 핵심은 무엇일까? 나는 '시작점'이 핵심이라고 본다. 가장 처음 알고리즘 구조에 들어가는 바로 그 순간, 내가 무엇을 선택하느냐가 결국 그 이후의 결과를 선순환 혹은 악순환으로 규정하는 것이다.

그래서인지 페이스북은 내가 처음 설정한 키워드에 맞춰 나에게 글을 잘 쓰는 사람, 책을 열심히 읽는 사람을 줄기차게 추천한다. 당신의 페이스북 친구는 몇 명인가? 그 친구들은 무슨 주제로 엮인 사람들인가?

한 만화 작가는 이렇게 말했다.

"내가 싫어하는 사람을 만화에 등장시키지 않는다. 가능하다면 싫은 사람과는 어울리고 싶지 않다."

만화를 그리는 것은 등장인물과 함께하는 일이다. 그러니 자신이 싫어하는 타입의 사람을 자기의 작업 공간에 들일 이유가 없을 것이다.

우리는 나쁜 사람, 불편하고 지루한 사람, 피곤한 사람과 얼마든지 거리를 둘 수 있다. 그들과 말을 섞지 않기 위해서라도 우리는 말투를 잘 편집해야 한다. 내 말투에 따라 어떤 사람이 오가는지 결정되니까. 또한, 상대의 말투도 유심히 봐야 한다.

선순환인지 악순환인지는 말투에서 결정된다. 페이스북 같은 소셜미디어에서, 내 성장에 필요가 없는 사람을 친구로 만들면 결국 그들이 만들어내는 무의미한 게시물들을 넋 놓고 바라봐야 한다. 왜 나의 소중한 시간을 그런 곳에 낭비해야 한단 말인가?

괜찮은 관계를 구축해나가기 위해, 그리고 세상 누구보다도 소중한 자신을 존중하기 위해, 페이스북을 운영할 때에도 말투의 편집, 행위의 편집이 필요하다는 사실을 잊지 말자.

### SPEECH EDITING

불편한 사람, 피곤한 사람, 나와 맞지 않는 사람과는 철저히 거리를 두자. 성장에 필요 없는 사람을 친구로 만들면, 결국 그들이 만들어내는 무의미한 말 폭탄의 희생물이 될 수 있다.

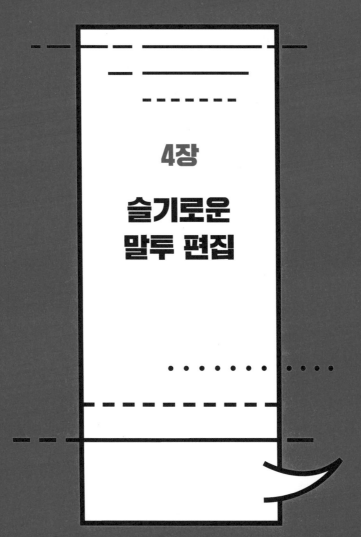

# 4장

# 슬기로운
# 말투 편집

# ❶ 사람과의 대화, 플랫폼과의 대화

### 지식과 일상 사이의 연결 고리

나 자신에게 묻는다. 사랑하는 연인이 당장 사라진다면 나는 얼마나 버틸까? 식량이 당장 사라진다면 나는 얼마나 버틸까? 물이 당장 사라진다면 나는 얼마나 버틸까? 1일? 3일? 일주일? 하나 더 묻겠다. 스마트폰이 당장 사라진다면 나는 얼마나 버틸까? 1시간? 30분? 5분?

스마트폰은 이미 연인, 소중한 식량, 갈증을 해소시켜 줄 물보다도 더 없어서는 안 될 무엇인가가 되어버렸다. 이제 우리는 스마트폰을 어떻게 활용하느냐에 따라 자신의 성장과 도태를 결정할 정도가 되었다.

스마트폰의 속성은 무엇인가? 바로 플랫폼(platform)이다. 플랫폼은 원래 '역에서 기차를 타고 내리는 곳'이라는 뜻이다. 하지만 현재는 인스타그램, 트위터, 페이스북과 같은 소셜미디어나 어떤 특정한 틀을 지칭하는 말로 사용된다.

이런 소셜미디어를 플랫폼이라 부르는 이유는 새로운 세상을 향해 출발하는 지점이 되어버렸기 때문이다. 실제로 나 역시 인스타그램의 친구, 트위터의 친구, 페이스북의 친구를 직장 동료나 동창, 심지어 가족보다 더 쉽게 만난다.

플랫폼은 지식과 일상 사이의 연결 고리다. 어떤 플랫폼을 선택하고, 플랫폼상의 무엇을 선택하느냐에 따라 내 일상은 전혀 다르게 전개된다.

나아가 나의 지식은 플랫폼의 선택과 그 활용 여부에 달렸다. 즉, 일상을 디자인하는 행위는 플랫폼을 어떻게 활용하느냐에 달려 있다는 의미로, 우리가 '플랫폼 결정의 법칙'이라 해도 지나치지 않는 시대를 살고 있다는 뜻이다.

그렇다면 나는 플랫폼과 어떻게 대화하고 있는가? 이

물음에 무슨 뜻인지 납득하지 못하는 사람도 많을 것이다. 플랫폼의 대화는 '묻고 답하기'가 기본으로 전제되어 있다. 내가 알고 싶은 정보를 검색 키워드로 설정해 플랫폼에 물어 답을 찾아내거나, 때로는 플랫폼이 나에게 질문을 던지고 답을 찾게 한다. 그런 의미에서 책은 나에게 가장 중요한 일차적인 플랫폼이다.

구글, 페이스북, 유튜브도 중요한 플랫폼이다. 다만 나는 이것들을 목적 지향적으로 사용하려고 노력한다. 쓸데없는 콘텐츠에 나의 정신과 영혼을 팔아넘기고 싶지 않기에 나는 반드시 두 가지를 염두에 두고 활용한다.

첫째, 나에게 있어 일차적인 플랫폼인 책을 절대로 잊지 않는다. 그렇다고 단행본으로서의 책만 고집하는 건 절대 아니다. 신문, 잡지, 웹페이지에서 긁어모아 프린트한 것들도 포함된다.

내가 관심 있는 분야에 관해 답해줄 수 있는 글은 모두 나의 플랫폼이 될 수 있다. 그것들이 나에게 늘 자극을 줄 수 있게 곁에 두고서 일상을 더 윤기나게 하려고 편집하는 것이다.

둘째, 플랫폼의 오염에 주의한다. 이는 쉽게 말해 플

랫폼이 나에게 쏟아내는 콘텐츠 세례에 휘둘리지 않으려고 노력한다는 뜻이다. 예를 들어보자.

유튜브의 경우 강력한 동영상 추천 알고리즘이 있다. 이것은 내가 플랫폼을 건강하게 활용하는 데 방해가 된다. 유튜브의 검색창에 '게임'이라고 입력하고 엔터키를 누르는 순간 아마 최소 며칠은, 아니 어쩌면 몇 달은 유튜브가 줄줄이 보내는 게임 동영상들의 공격을 받게 될 것이다.

유튜브를 나의 미래를 위한 플랫폼으로 편집하고 싶다면 유튜브의 검색창에 커뮤니케이션, 대화법, 말, 언어, 독서, 지식 등을 넣어야 한다. 그래야 유튜브도 내가 원하는, 미래의 나를 더 나은 사람으로 성장하기 위해 필요한 콘텐츠를 보내게 된다.

내가 먹방, 맛집과 관련된 검색어를 넣는다면 아마 유튜브는 말초적인 음식 콘텐츠만을 추천 동영상으로 보내는 식으로 나와 대화할 것이다. 물론 게임이나 음식 동영상이 나쁘다는 얘기가 아니다. 내게 불필요하다는 말이다. 중요한 것은 자기에게 필요한 콘텐츠가 우선되어야 한다는 사실이다.

유튜브가 보내는 동영상들을 거부하는 일은 또 다른 투쟁이다. 일상도 바쁜데 굳이 유튜브와 투쟁하느라 시간과 노력을 허비한다면 그건 삶을 제대로 디자인해내지 못한 나의 책임 아닐까?

사실 플랫폼은 죄가 없다. 스마트폰은 그저 똑똑할 뿐이다. 다만 지나치게 똑똑하고 지나치게 충성스러워서 내가 한 마디만 해도 백 가지를 말하니, 그게 문제다.

### 나는 내가 결정한다

이제는 플랫폼과의 대화에 더 관심을 둘 때다. 어떡해야 할까? 간단하다. 나의 성장을 위한 말투로 편집하면 된다. 이때 검색창에 무슨 말을 쓰느냐가 핵심이 되니, 어떤 말을 선택할지 신중하게 고민해야 한다.

내가 스마트폰에 '예쁜 여자', '멋진 남자'를 넣는다면 나의 스마트폰 속 플랫폼에는 말초적인 사진과 동영상만이 가득해질 것이다. 내가 스마트폰에 '희망', '성공' 같은 말을 넣는다면 열정과 노력으로 점철된 누군가의 성공 스토리들을 보여줄 것이다.

참고로 나는 책, 독서, 글쓰기 등을 성장의 발판으로

삼고 있다. 그래서 스마트폰의 플랫폼들과 대화할 때도 나의 관심사들에서 벗어나는 것들은 말하기를 삼간다.

당신의 스마트폰 속 유튜브를 지금 열어보라. 과연 어떤 동영상들이 당신을 기다리고 있는가? 혹시 별 의미도 없는, 천박한 언어로 가득한 유튜버의 영상이 추천 동영상 목록을 채우고 있다면, 스스로를 한번쯤 돌아볼 시간이 된 건 아닌지 고민해야 한다.

솔직히 나 역시 스마트폰과의 플랫폼 대화가 때로는 버겁다. 그래서 아예 스마트폰과 멀어지려는 방식을 택했다.

책은 어디서 언제 읽을지를 크게 고민할 필요가 없다. 그저 책을 펼칠 수 있는 시간과 공간이 있으면 그만이니, 간단히 독서를 시작하면 된다. '희망이란 그저 행동하겠다는 선택이다'라는 말도 있지 않은가?

당신은 지금 모던한 스타일의 팝송이 잔잔히 들리고, 그윽한 커피 향이 가득한 카페에 있다. 당신은 무엇을 할 것인가?

스마트폰을 꺼내어 카톡 메시지를 확인하고, 모바일 게임을 터치하며, 주말에 갈 맛집을 검색하고 있는 건 아닌가? 그렇게 세상의 플랫폼에게 수동적으로 끌려가면서 살고 있지는 않은가?

나는 내가 결정한다. 플랫폼에 끌려가게 나를 놔두는 건 너무 슬픈 일이다. 나를 성장시키는 일상을 만들기 위해서 최소한 내가 지금 어떤 위치에 있는지, 어떤 방향으로 진화하고 싶은지 정도는 정확하게 파악하자.

그럼 스마트폰 속 플랫폼과 대화를 할 때 나의 미래를 위한 단어로 가득한 세상을 접할 수 있다. 검색은 내가 먼저 시작해야 한다. 검색당하지 말아야 한다. 나를 위한 언어로 플랫폼과 대화를 진행할 때, 어제보다 나은 오늘을 편집할 수 있다는 점을 늘 기억하자.

**SPEECH EDITING**

플랫폼과의 대화에 관심을 두자. 스마트폰 검색창을 성장을 위한 말투로 편집하면 된다. 검색창에 긍정적인 말을 넣으면 열정과 노력으로 점철된 누군가의 성공 스토리들을 보여줄 것이다.

## ❷ 새가 알에서 나오려고 투쟁하듯이

**진정한 탄생은 하나의 세계를 파괴해야 가능하다**

어느 그룹의 총수가 그 회사가 운영하는 골프장에 들렀다. 티샷 전에 주변을 둘러보던 그가 때마침 주변에 있던 관리인에게 이렇게 물었다.

"이 주변에 나무를 심으면 좋겠는데……, 어떤 나무가 어울릴까요?"

관리인이 잠시 머뭇거리다 소나무가 좋겠다고 대답했다. 이에 그룹 총수는 머리를 끄덕이며 이렇게 대답했다.

"좋은 생각입니다. 그럼 소나무를 심어보시죠."

라운딩이 끝나고, 함께 운동했던 사람이 총수에게 물

었다.

"그냥 소나무를 심으라고 하면 될 텐데 왜 관리인에게 의견을 물어보셨나요?"

총수의 답은 이랬다.

"그곳에는 누구라도 소나무가 어울린다고 생각했을 겁니다. 하지만 내가 시켜서 하는 것보다 스스로 의견을 내고 수행한다면 좀 더 기쁘게 일할 수 있지 않을까요?"

그는 말투 편집 이전에 인생을 어떻게 편집해야 하는지를 아는 사람이었다.

더 나은 내일은 혼자의 힘으로는 불가능하다. 누군가의 도움을 받아야 할 때가 분명히 있다. 그것을 위해서라도 나 자신의 일상을 아름답게 편집하는 말투가 필요하다. 내가 해야 할 말을 하는 것에 그치지 않고, 내가 해야 할 말을 상대방이 자연스럽게 대신 하도록 유도할 수 있어야 한다.

위의 사례에서 총수가 이렇게 말했다고 해보자.

"여기 뭐라도 좀 심지 않고 그동안 뭘 했어요? 가만 있어 보자. 소나무가 좋겠네. 그래요. 소나무 좀 심어봐요. 이거 참. 내가 이런 것까지 말해줘야 하나?"

그렇게 했더라면 관리인은 어떤 마음으로 일을 했을까? 이후 더 나은 아이디어를 찾았다 해도 적극적으로 의견을 내지는 않을 것이다. 어차피 총수가 통반장을 다 해먹을 텐데 조용히 있는 게 남는 거라며, 소극적인 구성원이 되었을 것이다. 조직 구성원 개개인의 의견을 이끌어내려는 노력이 바로 우리가 배워야 할 말투 편집이 아닐까 싶다.

그렇다면 나는 어떤가? 나를 긴장시키는 누군가의 말을 들을 줄 아는 귀가 있을까? 나를 불편하게 하는 말을 아낌없이 받아들이는 포용력이 있을까? 나를 때리는 말에도, 그것이 진정으로 나의 성장을 위한 것이라면 기쁘게 받아들이는 마인드가 있을까?

"새는 알에서 나오려고 투쟁한다. 알은 세계다. 태

어나려는 자는 하나의 세계를 파괴하지 않으면 안
된다."

소설 《데미안》에 나오는 말로, 하늘을 나는 새가 되기
위해서는 반드시 자신을 보호하던 알을 깨고 나와야 하
듯이, 인간의 성장도 마찬가지라는 의미의 유명한 문장
이다.

　내 일상의 아름다움도 마찬가지다. 이전의 생각이나
관습, 방식 등에서 깨어날 때 비로소 더 큰 세계로 나아
갈 수 있다. 어떻게 깨어날 것인가?

　내가 알지 못한 것들을 알고 있는 사람의 지혜를 빌릴
줄 알아야 한다. 누군가의 말을 잘 듣고, 또 그것을 상대
방의 관점에서 이해한 후에 비로소 말하겠다는 조심스
럽고 진지한 말투가 일상 속에 가득해야 한다.

## 배우고 성장하려는 태도가 필요하다

독서를 예로 들어보자. 독서는 자신을 둘러싼 세계를 깨
고 더 넓은 세계로 나아가는 데 꼭 필요한 도구다. 다만
자신이 기존에 가지고 있던 생각이나 방식에 박수를 치

는 메시지만 찾으려는 독서는 경계해야 한다.

처음 본 것, 알지 못했던 것, 낯선 것 등 조금은 불편한 것들이 우리의 안목을 넓혀준다. 이미 내가 하고 있는 생각과 행동을 잘한다고 말해주는 책들은 기존의 세계를 더 견고하게 만들 뿐이다.

자존심을 버리고, 이기주의의 울타리를 벗어나서 자신의 실수를 인정하며 겸손할 줄 아는 마인드로 세상과 소통하겠다는 태도가 필수다. 이를 위해 아래의 세 가지를 체크하면서 말투를 편집해보자.

첫째, 자신에 대한 반성이 필요하다. 자기 자신을 성찰하지 못하는 사람은 알고 있는 척만 하다가 망신을 당하는 경우가 많다. 자기를 내려놓지 못해 자존심만 가득한 그들은 삶에 도움이 안 되는 것들과 쓸데없이 다툰다.

자신에 대한 반성과 문제점을 개선하려는 노력이야말로 우리가 평생에 걸쳐 도전해야 할 제대로 된 공부요, 올바른 일상의 편집 방법이다. 매일매일 진실한 마음으로 하루를 반성으로 마감하는 자세라면 퇴근 후 멍하니 텔레비전만 바라보다 잠이 들거나 흥청망청 술이나 마시며 허송세월하는 사람보다 훨씬 미래가 밝을 것이다.

둘째, 배우고 성장하려는 태도를 지녀야 한다. 자신이 틀렸는데도 끝까지 옳다고 우기는 사람들이 있다. 또는 남들이 폐기 처분한 고리타분한 삶의 이론을 자기만의 원리원칙으로 삼고 무조건 맹신하는 사람들도 있다.

그들은 새로움으로 가는 배움의 길을 외면한다. 성장을 원한다면 자신의 과거에 대한 치열한 되새김질이 필요한데, 그들은 자기만의 허상을 찾아 맹목적인 직진 인생으로 일관한다. 이런 태도를 버려야 한다. 읽고, 사색하고, 타인의 성공 사례에서 배우고, 그런 노력을 통해 자기의 삶을 마치 오래된 건축물을 리모델링하듯이 새롭게 세워야 한다.

마지막으로 남의 도움을 받는 일에 적극적이어야 한다. 과거는 습관의 산물이기 때문에 좀처럼 벗어나기 어렵다. 과거에서 벗어나 좀 더 나은 미래의 삶을 편집하기 위해서는 누군가의 도움이 필요하다.

학생이라면 선생님이 되겠지만 사실 어른이 된 내가 꼭 맞는 선생님을 구하는 일은 어려울 것이다. 물론 나 혼자 스스로 깨칠 수만 있다면 최고지만, 그것은 거의 불가능하다.

그래서 나는 '내 옆에 항상 머물러 있는 최고의 과외교사'로 책을 선택했다. 책을 쓴 저자를 선생님으로 초빙하면 된다. 단 몇만 원이면 충분하다. 나의 과거를 되새김질하게 도와줄 선생님을 모시는 값이 그 정도라면 얼마나 저렴한가?

## 과거의 나 자신과 헤어지는 법

앞에서 잠깐 꺼냈던 내 얘기를 하겠다. 첫 책을 쓸 때의 일인데, 이때 가장 힘들었던 것이 '과거의 김범준'과 결별하는 일이었다. 나 자신이 나에게 저항하는 일이 너무도 잦았다. 그러자니 내 과거의 문제점을 살펴야 하는데, 그 과정이 너무 괴로웠다.

첫 책의 주제는 '비즈니스 커뮤니케이션'으로, 정확히는 회사 내 직장인의 언어 습관에 대한 옳고 그름을 말하는 내용이었다. 처음엔 주변 직장인들의 말하는 모습을 관찰하고, 그것을 개선하는 방법을 쓰는 것으로 시작했다.

쓰다 보니 주변 직장인들과 인터뷰를 진행하는 과정에서 문제가 생겼다. 그들이 문제로 삼고 있는 직장 대화의 나쁜 모습들은 모두 나 자신의 대화 습관과 판에 박힌 듯이 똑같았기 때문이다.

어찌어찌하여 원고를 다 썼지만, 책이 출간되는 순간까지 주저했다. 나의 이야기를 누군가에게 고백하는 것 같아서 필명을 쓰려고도 했다. 너무나 부끄러운 이야기들이 많았기 때문이다.

'과거의 나'로부터 변화를 받아들이기가 그만큼 어려웠다. 하지만 '알에서 깨어나면 내가 그것들을 마음대로 하지만, 깨어나지 못하면 그것들이 나를 마음대로 조종한다'는 말을 듣고 용기를 냈다. 결국 책은 내 이름을 달고 나왔다.

기적이 벌어졌다. 나의 일상이 달라졌다. 한 번에 달라진 것은 아니지만, 최소한 말투 때문에 나의 성장을 해치는 일들은 깨닫고 느끼며 자제할 수 있었다.

주위사람들이 '갑자기 왜 이렇게 달라졌어?'라고 할 정도였다. 하지만 그들은 나의 변화를 긍정적으로 보았다. 진즉에 나를 반성하고 나의 말을 변화시키려는 노력을 했다면 직장에서 더 나은 인재로 평가받았을 텐데, 하는 아쉬움이 생겼다.

삶을 편집하는 것도 마찬가지다. 나의 과거를 냉철하게 바라볼 수 있는 용기가 전 과정에 투영되어야 한다. 그럴 용기가 없다면 나를 위한 일상의 편집은 불가능하다. 늘 그저 그런 일상에 안주하며 늘 그저 그렇게 살게 된다.

그러니 이제 나의 게으름과 어리석음, 그리고 건방짐과 무식함을 신랄하게 알려주는 사람과 공간을 애써 찾아서 뼈 아프게 나의 생각들을 좋은 방향으로 개선해보자.

**SPEECH EDITING**

나를 긴장시키는 말을 들을 줄 아는 귀가 있을까? 나를 불편하게 하는 말을 받아들이는 여유가 있을까? 나를 때리는 말에도 나의 성장을 위한 것으로 기쁘게 받아들이는 여유가 필요하다.

## ❸ 단 하나에만
   집중하라

### '걸어 다니는 백과사전'이라 불리는 사람

직장에 들어간 지 얼마 되지 않았을 때의 일이다. 당시에는 대기업에서도 '보안'이라는 말을 그리 중요하게 여기지 않았다. 보험이나 자동차 세일즈맨은 물론이고 심지어 우유 배달원까지 사무실에 들어와 판촉 활동을 할 정도였다.

지금이라면 상상도 못할 보안 불감증 시대였던 셈이다. 그러니 신입 사원들은 회사에서 나누어준 매뉴얼 등의 자료를 책상 위에 그냥 놔두고 다니곤 했다. 그중엔 외부로 유출되면 문제가 될 자료들도 있었다.

그런 어느 날이었다. 옆자리에 있던 대리님이 퇴근 무렵에 하는 행동이 낯설게 느껴졌다. 그는 퇴근할 때 자신의 자료들을 서랍에 넣고 제대로 잠겼는지 확인까지 하고 집으로 향했다.

아직 신입사원이었기에 어떤 업무에 대해 모르는 게 있어서 물어보면 자신의 서랍을 열어 자료를 꺼내 보여주고는 꼭 이렇게 말하곤 했다.

"한 페이지만 복사하고 곧바로 돌려줘야 한다."

지금 생각해보면 별것도 아닌 내용들이었는데, 그는 자신이 갖고 있는 자료들을 마치 무슨 무기인 양 절대 함부로 공개하지 않았다. 주위를 둘러보니 다른 선배들도 마찬가지였다. 자료 그 자체를 자기 자신이라고 생각하는 것 같았다. 자료가 없어지면 그도 사라질 것처럼 말이다.

가만히 따져보면 공감이 가는 풍경이다. 그때는 자료가 곧 그 사람의 지식이었고, 역량이었으며, 능력이었다. 지식은 모으면 모을수록 정보가 되었다. 얼마나 암기하고, 얼마나 숨겨두느냐가 한 사람의 지식 수준을 결정했다.

게다가 지식은 곧 지혜였다. 이것저것 잡다하게라도 많이 지식 조각을 모은 사람은 지혜로운 사람으로 여겨졌다. 그래서 어느 회사를 가든지 이런 인물이 꼭 있어서 '걸어 다니는 백과사전'이라는 말을 들을 정도였다.

하지만 지금은 어떤가? 이런저런 자료들을 모아두는 사람이 있다면, 그것도 서류 뭉치 따위로 만들어서 책상 위나 캐비닛에 넣어두고 있다면 원시인 취급받기 십상이다.

인터넷 보급이 시작이었다. 인터넷으로 세상의 모든 정보를 0.1초 만에 얻을 수 있게 되면서 지식과 정보가 폭증하게 되었다. 그러자 모순이 생겼다.

지식을 모을수록 더 모르게 된 것이다. 잡다한 지식은 지식의 파편화를 가져왔고, 결국 박학다식은 그다지 쓸모가 없는 상황이 되어버렸다.

과거의 전문가는 다양하게 지식을 많이 가진 사람이었지만, 지금의 전문가는 '어떤 특정 분야에 전문적인 지식과 능력이 있는 사람'이라는 의미로 '다양한 것'이 빠진 채 쓰이게 되었다. 즉, 결국엔 지식을 어떻게 편집하느냐가 핵심이 되었다는 얘기다.

## 나는 한 번에 여러 권의 책을 읽는다

정보의 폭증은 정보의 불량을 가져왔고, 이는 결정적인 순간의 의사 결정에 오해와 모순을 생기게 했다. 파편화된 지식이 아니라 온전한 지식으로 일상에 도움이 되기 위해서라도 지식과 정보를 가공하는 기술은 이제 세상을 살아가는 중요한 수단이 되었다.

지식과 지식 사이에는 연결 고리가 필요해졌다. 이제 다양한 지식은 연결되지 않는 이상 아무 의미가 없게 되었고, 한 걸음 더 나아가 일상에 불편을 주는 무엇이 되었다.

나의 독서를 예로 들어보겠다. "한 번에 한 권만 읽어라!"라는 말을 들으면, 나는 반대의 목소리를 높인다. 나는 책이란 한 번에 여러 권을 읽어도 된다고 생각하기 때문이다.

그 대신 "한 번에 하나의 주제를 다룬 여러 권의 책을 읽어라"라고 말한다. 실제로 나는 한 번에 여러 권의 책을 구입한다. 물론 하나의 키워드로 묶인 주제들이다.

그리고 그 책들을 내 손이 잘 닿는 곳에 세팅한다. 하나의 키워드를 지닌 여러 권의 책을 읽다 보면 그 주제에 대한 맥락이 보인다. 같은 주제의 책을 모아서 한 번에 읽다 보면 그 주제에 대해 자기만의 통찰을 만들어내기 쉽다.

그렇게 자신만의 의견이 만들어지면, 이제 비로소 목소리를 낼 수 있게 된다. 그렇게 나는 책을 읽고, 책을 쓴다.

하나의 주제에 관한 여러 권의 책을 읽는다고 편협한 사고에 빠지는 것 아니냐고 생각한다면, 오히려 그것이 편협한 선입견이다. 같은 주제라고 하지만 저자마다 경험이 다르기 때문에 생각도, 글도 아주 다르다.

나는 오히려 하나의 주제를 다양한 방식으로 써 내려간 저자들의 세상을 바라보면서 나만의 세계에 갇혀 살아가고 있었던 스스로를 반성하게 된다.

실제로 나를 성장시켰던 독서를 돌이켜보면 '나의 삶과 관련된 분야의 책들을 찾아서 읽는다'가 아니었나 싶다. 한 주제에 관한 여러 책들을 읽으며 지식의 교집합을 발견하는 일은 나에게 닥친 문제를 해결하는 데 큰 도움을 주었다.

그런 독서 방식은 읽기도 편했고 지루하지도 않았다.

아는 것을 확인하는 과정이 반복되었기에 이미 알고 있는 것을 확인하는 쾌감마저 느꼈던 기억이 난다. 나는 그런 과정이 독서의 진짜 맛을 아는 지름길이라고 생각한다.

내가 만약 회사의 마케팅 담당자라면 주변을 다음과 같이 편집할 것 같다. 마케팅 관련한 책을 10권 이상 구매한다. 유튜브의 검색 창에는 '마케팅'을 계속해서 넣어 괜찮은 동영상을 찾아보면서, 마케팅 지혜를 얻도록 알고리즘을 세팅한다.

페이스북 친구는 어떻게 할까? 마케팅에 관련된 사람들은 빼고 다른 친구들은 모조리 '친구 끊기'를 단행한다. 내 주변이 온통 마케팅으로 가득할 때, 나는 비로소 마케팅을 파편화된 것으로 바라보지 않고 하나의 공통된 맥락 속에서 나만의 마케팅 툴을 발견해낼 것이다.

그렇게 나만의 견해를 갖게 되면 말할 수 있을 것이다.

"제대로 정리된 나의 지식이 세상 밖으로 내보낼 때가 되었다."

이제 나는 오로지 마케팅에 관한 한 스페셜리스트가 되는 것이 1차적인 목적이라고 자신 있게 말할 수 있게 되었다. 다음과 같은 방식으로 말이다.

"BTS의 인기를 마케팅 관점에서는 어떻게 바라봐야 할까요?"

"우파와 좌파의 대립을 지켜보면서 느낀 정치적 마케팅의 중요성을 말해볼까요?"

"나는 텔레비전 속 먹방의 인기 비결을 마케팅 분석 도구로 확인해볼까 합니다."

〈주유소 습격 사건〉(1999)이라는 영화가 있었다. 이 영화에서 무데뽀 역을 맡은 배우 유오성은 "나는 한 놈만 팬다!"라고 말한다. 패싸움 상황에서 유오성은 단지 한 명만 정해놓고 죽어라 쫓아다니며 괴롭힌다.

싸움판에서 이런 성향이 알려지자, 모두들 그를 멀리하고 경계한다. 마케팅에서 말하는 일종의 '선택과 집중'이다. 마찬가지다. 우리의 일상도 '한 놈만 패는' 편집의 기술이 필요하다.

아무 의미도 없는 제너럴리스트의 시대는 지났다. 철저한 스페셜리스트만이 살아남을 수 있다. 나의 생존과 성장에 가장 필요한 것 하나만 붙잡고, 그것을 읽고, 연구하고, 표현한다면 세상은 저절로 나를 인정해주지 않을까.

**SPEECH EDITING**

말투의 편집에도 선택과 집중이 필요하다. 나의 생존과 성장에 가장 필요한 것 하나만 붙잡고 그것을 읽고, 연구하고, 세상 밖으로 표현한다면 세상은 저절로 나를 인정해줄 것이다.

# ❹ 나만의
## 특별한 독서법

### 글을 쓰면 당신의 삶은 달라진다

지식은 그냥 자신을 치장하는 장식품이 아니라 삶의 무기여야만 한다. 지식이 없는 사람은 도태된다. 지식을 나의 특기로 만들고, 세상에 나가 누구나 인정하는 무기로 사용해야 한다.

한때 나는 나 자신을 지식인이라고 생각했었다. 남들보다 많이 안다는 착각에 빠져 있었기 때문이다. 나보다 엑셀 프로그램을 잘 돌리는 동료를 보고 '인문고전 하나 제대로 읽지 않은 놈이 뭐 그리 대단하다고!' 하면서 우습게 여겼다.

상사에게 공손한 동료를 보고는 '언제까지 저렇게 굽실대며 살아갈 거야?' 하고 비웃기도 했다. 그러면서 세계명작을 섭렵한 나를 그들보다 월등한 지식인이라고 믿었다.

지식은 결국 말하고, 행동하고, 쓰는 아웃풋 행위에 사용되어야 한다. 머릿속에 가득히 그냥 쌓여 있는 지식은 잡동사니일 뿐이라는 얘기다.

책을 읽어도 뭔가 방향성이 있어야 한다. 예를 들어 '세계 명작 100권'은 방향성이 될 수 없다. 여기서 말하는 방향성이란 '세계 명작 100권을 통해 얻어낸 사회생활의 지혜' 같은 것들이어야 한다.

이제 나는 '독서를 하지 않는 사람과 독서를 하는 사람은 시간이 흐르면서 점점 격차가 벌어질 수밖에 없다'는 말에 동의하지 않는다. 독서를 그냥 하는 사람은 독서를 전혀 하지 않는 사람과 별다른 차이가 없기 때문이다.

지식에는 부익부 빈익빈이 없다. 다만 지식을 활용하는 것에서 비로소 부익부 빈익빈이 생긴다. 따라서 삶의 무기가 되는 지식 습득에 힘써야 한다.

세상에는 이런저런 정보가 넘친다. 하지만 그런 정보

들을 내가 쓸 지식으로 만드는 일은 전혀 다른 얘기다. 연예인의 잡다한 일상사는 쓰레기 정보다. 진짜 지식은 학교에서 배운 것들을 뛰어넘어 과거의 구조를 근본부터 뒤집는 혁신의 바탕이어야 한다.

지식은 또한 우리의 무기가 되어야 하고, 그 무기를 세상에 아낌없이 표출할 수 있어야 한다. 그러므로 취미로서의 지식, 절실함이 결여된 지식은 그저 파편일 뿐이다.

나는 지식을 내 것으로 만드는 가장 좋은 방법은 쓰는 행위라고 생각한다. 예전에는 내가 무엇을 쓴다고 해도 그것을 평가받을 플랫폼이 없었다. 그러니 읽기만 하고, 쓰지는 못했다.

지금은 다르다. 얼마든지 쓰고 평가를 받으며 쓴 글을 다시 수정할 수 있는 플랫폼이 널려 있다. 그것이 꼭 책일 필요는 없다. 인터넷에는 누구라도 자유롭게 자신의 글을 올릴 수 있는 공간이 무수히 많다.

물론 무엇을 쓸 것인가는 중요하다. 자질구레한 일상을 함부로 내뱉으라는 게 아니다. 가령 내가 읽고 공부한 것들을 자기반성의 관점에서 살핀 후에 그것의 개선 방향을 조금씩 쓰는 것으로도 충분하다.

## 나는 오직 나 자신을 위해서만 읽는다

그렇다면 어떻게 정보를 나만의 무기로 만들 수 있을까? 정보를 머리에 넣는 것에서 끝나는 게 아니라 나만의 관점으로 지식으로 만드는 법은 무엇일까? 지식이 나만의 차별화 포인트가 되는 방법은 무엇일까?

그 핵심에 '편집'이 있다. 책을 예로 들어보자. 정독이란 말은 내가 싫어하는 단어다. 완독도 내가 기피하는 단어다. 그 대신 나는 발췌독이라는 말을 좋아한다.

책을 처음부터 끝까지, 꼼꼼히, 마음을 졸이며, 끈덕지게 읽어야 할 필요는 없다. 책을 읽으며 '나만을 위한 딱 하나'를 찾아내는 게 나 같은 사람이 생활독서가로 살아가는 방식이다. 그래야 책에 질리지 않고, 책이 만만하게 여겨진다.

그러니 완독이나 정독이니 하는 말과 멀어지길 바란다. 예를 들어보자. 300페이지 분량의 책을 샀다. 밤에 큰 마음을 먹고 한 시간 동안 집중했는데, 20페이지 정도만 읽었다면 문제가 크다.

얼핏 보니 자신이 원하는 내용은 200페이지쯤 어딘가에 나올 것 같다면, 답답함과 절망감에 책을 던져버리게 된다. 그러니 완독, 정독해야 한다는 의무감을 버리자.

틈틈이 책을 읽어야 하는 우리들이 실행해야 할 독서법은 발췌독, 부분독, 그리고 중요 부분 먼저 읽기라고 생각하자. 그래서 나는 책을 어떻게 읽어야 하는지 묻는 사람들에게 이렇게 말해준다.

"책 한 권에 너무 많은 것을 바라지 마세요. 자신에게 필요한 10퍼센트만 찾아 읽어도 대성공이니까요."

어떻게 그럴 수 있느냐고 반문하는 사람이 있다. 세계적인 석학이 쓴 글인데 처음부터 끝까지, 꼼꼼하게 읽어야 하지 않느냐고 묻는다. 이런 반문에 나는 프랑스의 사상가인 볼테르의 말을 들려준다.

"어리석은 사람은 이름난 작가의 것이라면 무엇이든지 찬미한다. 나는 오직 나를 위해서만 읽는다."

책은 나 자신을 위해 읽는 것이지 책을 쓴 사람의 대

단함 때문에 읽는 게 아니다. 내가 필요한 것을 찾아내는 게 중요하지 위대한 저자의 생각을 알아내는 게 먼저는 아니다.

그러니 나에게 필요한 부분만, 흥미를 느끼는 부분만 읽어도 된다. 어느 정도의 분량에서 자신의 삶에 도움이 되고 적용할 수있는 부분을 찾아낼 수 있다면 충분하다.

우리는 소설을 쓰는 사람이 아니다. 예술로 밥벌이하는 사람은 더욱 아니다. 생활 현장에서 열심히 일하면서 좀 더 나은 내일을 위해 책을 읽는 생계형 독서가들이다. 그런 우리에겐 내가 행하는 독서법은 나름 꽤 유용하다고 생각한다.

발췌독이라 해서 목차를 보고, 해당하는 부분만 찾아 읽는 방법을 뜻하는 것은 아니다. 책 전체를 눈으로 쭉 훑으면서 자신에게 필요한 부분을 정독하면 된다.

내가 추구하는 주제를 찾아 책을 선택하고, 그런 책들에서 내게 필요한 내용을 조합해나가는 독서법을 실행하다 보면 어느새 지식은 삶의 무기가 된다. 당신도 꼭 실행해보기 바란다.

**SPEECH EDITING**

말하기 전에 먼저 써라. 메모하고, 일기를 쓰고, 독서하는 습관을 갖자. 내가 읽고 공부한 것들을 자기반성의 관점에서 두루 살핀 후에, 그것의 개선 방향을 조금씩 쓰는 것이면 충분하다.

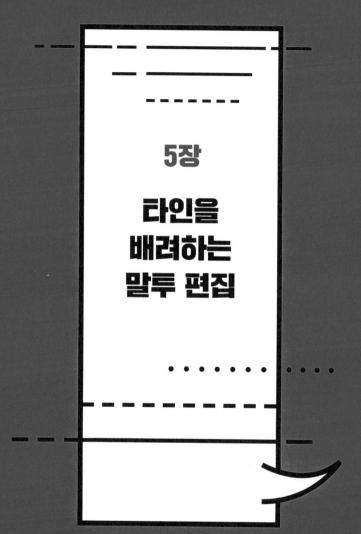

**5장**

# 타인을
# 배려하는
# 말투 편집

# ❶ 나의 시간값은 얼마인가?

## 100달러 지폐 속의 인물

벤저민 프랭클린은 미국에서 '건국의 아버지'로 불리는 정치인이다. 그는 공식적인 지위에 오르지는 않았지만, 미국 독립에 중추적인 역할을 한 인물로 오랫동안 미국인들의 추앙을 받고 있다.

오늘날 미국 달러 새겨진 인물 중에서 대통령이 아닌 인물은 단 2명뿐인데, 그중 한 사람이 바로 100달러짜리 화폐 속의 벤저민 프랭클린이다.

그가 남긴 《벤저민 프랭클린의 자서전-덕에 이르는 길》이라는 책은, 인생을 살아가는 미덕에 관한 모든 것이 담겨 있다고 해도 과언이 아닐 정도로 시간과 공간을 뛰어넘어 만인의 필독서로 꼽힌다.

우리 집 서가에도 이 책이 꽂혀 있는데, 나는 개인적으로 이 책에서 소개된 저자 자신의 인생 지침 13가지가 아주 감명 깊었다.

그가 꼽은 13가지 덕목은 다음과 같다.

절제, 침묵, 질서, 결단, 절약, 근면, 진실, 정의, 중용, 청결, 침착, 순결, 겸손.

그는 이 덕목들에 나름의 계율을 정한 후, 별도의 수첩을 만들어 매일 저녁 하루의 행동을 점검하면서 부족하거나 잘못된 일이 있으면 해당되는 덕목에 흑점을 찍었다.

그런 과정을 통해 그는 자신에게 어떤 점이 부족했는지 돌아보면서 반성을 하고, 개선점을 찾아나갈 수 있었다. 그는 이 일을 평생 동안 하루도 거르지 않았다고 한다.

벤저민 프랭클린은 특히 시간을 근면함과 연결하여 그 무엇보다도 중요하게 여겼다. 그가 남긴 명언만 봐도 그렇다.

"끊임없이 떨어지는 물방울이 돌을 뚫는다."

"근면함과 인내심으로 생쥐는 밧줄을 갉아 두 동 강 낸다."

"오늘의 하루는 내일의 이틀과 같다."

지금의 시간을 절대로 헛되이 보내지 않겠다는 다짐이 너무도 알차다.

### 내 소중한 시간을 빼앗은 값을 청구합니다

그는 젊어서 한때 작은 출판사를 경영했었다. 어느 날 손님이 찾아와서 벤저민 프랭클린에게 물었다.

"이 책은 얼마입니까?"

"1달러입니다."

"좀 깎아주시죠? 얼마에 파시겠습니까?"

"그렇다면 1달러 50센트입니다."

"무슨 소리에요? 값을 깎아달라고 했잖습니까?"

"그렇다면, 이제 그 책은 2달러입니다."

책값을 깎아주기는커녕 시간이 지남에 따라 처음보다 더 높게 부르는 그의 말에 손님이 화가 나서 물어봤다.

"왜 책값이 자꾸 오릅니까?"

이에 대한 벤저민 프랭클린의 답은 지금도 유명하다.

"손님과 대화하느라 소중한 시간이 낭비되고 있으니 책값에 저의 시간에 대한 추가 금액이 붙는 겁니다."

나는 자신의 '시간값'을 지키려는 벤저민 프랭클린의 단호한 말투를 닮고 싶다. 자신의 시간을 무의미하게 흘러가는 것으로 보지 않고, 가격을 책정해서 당당하게 요구하는 모습이 인상적이지 않은가.

그는 어려서 일찍 학교를 그만둬야 했다. 가난한 양초 제조업자였던 부모 밑에 형제가 무려 17명이나 되었기 때문이다. 학교를 그만두고 일을 시작한 벤저민 프랭클린은 12살 때부터 인쇄공으로 일했다. 하지만, 그는 일하는 틈틈이 독학으로 프랑스어, 스페인어, 이탈리아어 등 3개 국어를 익혔다. 그는 이렇게 말했다.

"점심을 먹고 나면 10분씩 휴식 시간이 주어진다. 한 달이면 210분, 일 년이면 2,520분이다. 이 시간을 활용해서 이탈리아어를 공부해야지."

자신의 시간값을 알지 못한 채 함부로 낭비하고 훼손하는 사람은 절대 자신의 삶을 원하는 방향으로 편집해낼 수 없다. 답답하게 느껴지는 현재만큼이나 미래 역시 암울할 뿐이다.

그러니 나의 시간값을 책정하자. 그리고 그것을 시간의 부족함만을 탓하는 내가 되뇌일 수 있도록 한 문장으로 만들어 단호한 말투로 말해보자.

"내 시간은 _____ 와 같다. 나만이 어디에 쓸지 결정할 수 있다."

빈 칸에 무엇을 넣을지는 스스로 생각해보자.

**SPEECH EDITING**

자신의 시간값을 책정하고, 그것을 말에 녹여내는 편집 작업에 착수하라. 자신의 시간값을 알지 못한 채 함부로 낭비하고, 훼손하는 사람은 절대 자신의 삶을 편집해낼 수 없다.

## ❷ 남의 시간을 우습게 아는 사람에게

### 재능 기부라는 말의 이면에 도사린 것들

내가 싫어하는 사람이 있다. 남의 시간을 함부로 빼앗으려는 사람이다. 특히 나는 아무 이유 없이 나의 시간을 침범하는 사람을 극도로 혐오한다.

싫어하는 단어도 있다. '재능 기부'라는 말이다. 재능 기부하면 왠지 아름답고 훌륭한 의미로 느껴지지만, 살다 보니 그런 생각에 균열을 일으키는 일이 벌어졌다. 처음 책을 출간하고 얼마 지나지 않아 전화 한 통을 받았다.

전화기 너머의 남자는 대학생들의 취업을 돕는 사회

적 기업의 일원이라고 자신을 소개했다. 나의 책이 취업을 꿈꾸는 젊은이들에게 도움을 줄 거라면서 두 시간의 특강을 요청했다. 저녁 시간이었기에 흔쾌히 수락했는데, 휴대폰 너머에서 들리는 말이 나를 어리둥절하게 만들었다. 이런 말이었다.

"참고로 저희는 사회적 기업입니다. 강의료는 드릴 수가 없으니, 재능 기부로 부탁드립니다."

달리 말하자면 공짜로 강의를 해달라는 거였다. 그럴 수도 있겠다 싶어 특강에 임했고, 반응이 좋아서 두세 차례 더 진행하게 되었다. 그런데 강의를 진행하다 보니 아쉬운 점들이 나타나기 시작했다.

두 시간 내에 책의 내용을 요약해주고 설명까지 하자니, 나중에 질문이라도 들어오면 답변할 시간이 부족했다. 그래서 네 번째 요청이 왔을 때 담당자에게 이렇게 말했다.

"앞으로는 제 책을 가지고 오는 사람에 한해서 강의를 하겠습니다. 책을 구입하라는 말이 아닙니다. 도서관에 대부분 비치되어 있으니 대여해서 지참해도 됩니다."

그 후 그곳으로부터는 강의 요청이 오지 않았다. 나는

그때부터 '가짜 재능 기부'나 공짜로 어떻게 때워보겠다는 식의 착취는 무조건 사양하고 있다.

그런 일이 있고 나서 곰곰이 돌이켜보니, 가장 큰 문제는 시간의 가치를 소홀히 했던 나였다. 우리는 퇴근 후 저녁 시간을 그냥 의미 없이 흘러가는 시간으로 착각한다. 그저 텔레비전이나 보면서 쉽게 낭비하며 내팽개친다.

이제 당신이 시간의 가치를 이전과 달리 보기 시작했다면, 지금부터 나는 당신의 시간을 지킬 방법을 말하고자 한다. 바로 당당하게 자신의 주관대로 '거절'을 표현하는 것이다.

## 내 시간을 지키기 위해 거절하겠습니다

'Money talks'라는 말이 있다. '돈이 말을 한다, 말이 곧 돈이다'라는 뜻으로, 돈이 곧 권력이라고 해석하면 적당할 것이다. 어떤 상황에서, 뭔가 모호할 때는 돈이 어디서 와서 어떻게 흘렀는지를 살펴보면 권력관계가 뚜렷이 드러나는 경우가 많다.

결국 자본주의라는 사회를 살아가는 우리에겐 돈이란

절대 외면할 수 없는, 어쩌면 그 무엇보다도 현상을 극명하게 드러내는 기준일지도 모르겠다.

참고로 나는 대학원에 다닌다. 늦은 나이지만 통찰력으로 무장하신 교수님들의 지혜와 각 분야에서 자신의 위치를 확고히 하고 있는 동료들을 보고 나의 성장의 계기로 삼는다.

그런데 알게 된 미묘한 사실이 하나 있다. 자기 돈을 내고 공부하는 사람과 남의 돈으로 공부하는 사람 사이에는 열정의 폭과 깊이가 다르다는 것이다.

나는 내 돈으로 학비를 낸다. 하지만 자기가 속한 조직으로부터 학비를 지원받은 사람도 있다. 매학기 내야 하는 수백만 원의 돈이 그리 만만치 않은데, 이런 돈을 지원받고 다닌다니 꿈같은 일이라고 생각했다.

하지만 잘 살펴보니 내 돈으로 공부하는 게 그리 나쁘지 않다는 생각을 하게 되었다. 학비를 낸 만큼 더 많이 배우겠다는 일념으로 공부하는 사람과 남이 내주었으니 졸업만 하면 된다는 사람의 열의는 완전히 다르니까.

자기 돈으로 공부하는 사람은 변명이 별로 없다. 하지만 반대의 경우 결석도 잦고, 열의도 부족하며 뭔가에

쫓기지도 않는 듯 여유로워 보이는 사람들이 꽤 있다. 어쩌면 그건 당연한 일이다. 공부가 아니라도 사람을 사귀는 것으로 만족하는 그들이니 말이다.

대학원 생활이 후반기로 들어서면서부터 내가 친하게 지내는 사람들은 주로 나와 비슷한 처지의 사람들이었다. 반면에 조직의 도움으로 공부하는 사람들과는 이상하게도 거리를 두게 되었다.

상대적으로 여유로운 그들과 지향하는 최종 목표도 공부하는 속도도 달랐기에, 나의 시간을 아무렇지도 않게 침범하는 태도에 불쾌감을 느꼈다.

당연한 일이었다. 평일 저녁 늦게까지, 그리고 주말 하루 전부를 몽땅 투입해야 하는 나는 그 시간들을 보상할 만한 무엇인가를 찾아내야만 했다.

절실했고, 그만큼 노력을 안 할 수가 없었다. 단순히 성적이 중요한 것만이 아니라 대학원이라는 시간을 거치며 좀 더 나 자신을 성장시키고 싶었다. 이 모든 것이 나 자신의 시간에 대한 철저한 고민에서 비롯되었다. 그 어떤 일보다 역량을 쌓아야 한다는 신념이 앞섰기에 가능한 일이었다.

어쨌거나 이제 나는 나의 시간을 엉망으로 만드는, 혹은 무의미하게 만드는 누군가의 제안을 거절하는 일에 익숙해졌다.

"괜찮습니다. 저는 참석하지 않겠습니다."
"제가 그 일에 참여하는 대가를 먼저 말씀해주십시오."
"아닙니다. 저는 이미 생각해둔 것이 있습니다."

이런 식으로 내 시간을 지키는 거절의 말투에는 타협이 있을 수 없다. 시간은 내가 가진 자원 중에서 가장 중요한 것이니 말이다.

'시간'이란 단어는 원래 명사지만, 나는 동사가 되어야 한다고 생각한다. '시간하다'로 바꿔보면 어떨까? 흘러가는 나의 시간을 그저 멍하니 바라보고만 있지 말고, 주도적으로 이끌어가야 할 것 같지 않은가?

시간의 흐름에 관심을 두고, 자세히 관찰하고, 느끼고, 고민할 수 있어야 한다. 그냥 자기 멋대로 흘러가게 놔두어서는, 나의 가치를 성장시킬 수 있는 가장 중요한 자원을 내다버리고 있는 셈이되니 말이다.

그러니 이제 나의 시간을 지키기 위해 단호한 말투를 쓰자. 나의 계획과 맞지 않는, 원하지 않는 제안에 대해서는. 상대방은 물론 스스로에게도 '아니오!'라고 말하자. 이렇게 말이다.

"나의 시간을 지키기 위해 거절하겠습니다!"

### SPEECH EDITING

나를 지키는 노력의 첫 번째는, 나 자신을 소중한 자원으로 생각하고 아끼고 발전시키며 가다듬는 것이다. 이것은 나의 에너지를 낭비하지 않기 위해 시간을 아껴 쓸 줄 아는 것에서 시작된다

## ❸ 말투에도 마감이 필요하다

### 마감을 당하는 사람들의 공통점

'마감'이란 말은 직장 생활을 하는 나에게는 그리 친밀해지고 싶은 단어가 아니다. 늘 마감 인생이라서 그런 것일지 모른다. 회사라는 조직에 몸담은 사람이라면 내 말이 무슨 뜻인지 잘 알 것이다.

마감은 바로 자신의 존재 가치를 보여주는 리얼한 단어다. 마감에 늦지 않는 것, 다른 말로 자신의 업무에 대한 약속을 지킨다는 것은 바로 직장에서 생존의 척도가 되기 때문이다. 다음의 두 문장을 보자.

"마감할래?"

"마감될래?"

위의 '마감할래?'는 그래도 좀 낫다. 직장을 다니다 보니 '마감될래?'라는 무언의 압력을 받는 경우가 한두 번이 아니기 때문이다. "너 마감되고 싶어?" 상사가 느닷없이 이런 말을 꺼내는 순간 직장인이라면 등골이 오싹할 것이다.

업무를 기한에 제대로 마감하지 못하는 조직 구성원이라면, 그리고 그런 습관에 젖어 있는 사람이라면 가차 없이 마감될 수밖에 없다.

하지만 마감이라는 말에는 긍정적인 작용도 있다. '마감 효과'라는 말이 그것이다. 이는 '시간이 급박하고 다급한 상황에서 출중한 지식과 생각이 떠오르는 효과'를 말한다.

예를 들어 신문기자가 기사 마감 시간에 임박하여 작성한 기사가 특종이 되는 경우가 종종 있다. 작가가 출판사의 독촉 날짜에 맞추느라 급하게 쓴 원고가 베스트 셀러가 되는 경우도 있다.

그렇기에 무작정 회피만 하는 것은 옳지 않다. 마감되기보다 마감하기를 선택했다면, 마감의 효과를 적절하게 이용해서 시간을 배분하고 나의 일상을 편집해 긍정적 결과로 이어지도록 하는 게 낫다.

> **상사** : 김 대리, 보고서를 만들어야겠는데?
>
> **부하** : 네? 무슨 보고서요?
>
> **상사** : 내년 전략 보고서를 요약해야겠어.
>
> **부하** : 엊그제 작성한 보고서에 무슨 문제가 있었나요?
>
> **상사** : 그건 아니고, 수치를 보완할 일이 생겼어.
>
> **부하** : 아, 정말 피곤하네요. 저 혼자 그 일을 다해야 하다니 너무 힘들어요.
>
> **상사** : ······.

직장인이라면 이런 상황이 그리 낯설지 않을 것이다.

상사는 시켜야 하고, 부하는 하기 싫고······. 솔직히 말해서, 나는 이런 상황이면 어떻게든 변명을 하고 핑계를 대면서 상사의 지시를 비껴가려고 했다. 물론 헛된

망상에 불과했지만 말이다.

조직이란 곳에는 늘 이슈가 있게 마련이고, 거기에 적절하게 반응하고 대처하는 것이 직장인의 기본 역량이다. 마치 기계의 부속품처럼 주어진 일만 또박또박 한치의 오차도 없이 해나가는 걸 기본으로 생각한다면 그건 제대로 된 직장인의 자세가 아니다. 지금의 나라면 이렇게 커뮤니케이션하는 걸 택할 것 같다.

**상사** : 김 대리, 보고서를 만들어야겠는데?

**부하** : 언제까지 끝내야 하죠?

## 10년 후에 중추적인 인재가 되는 사람은 따로 있다

어느 유명 엔터테인먼트 회사의 CEO는 이렇게 말했다.

"당장 발등에 떨어진 보고서 작성의 시점에 '왜 이게 필요하냐?', '해야 하나, 말아야 하나?'라는 물음으로 말꼬리를 잡는 구성원들은 자격 미달입니다. 대놓고 부정적인 이유를 나열하는 사람보다 긍정적인 질문을 던지는 사람, 특히 적극적인 자세로 마감 시간을 묻는 사람이 좋습니다. 최고 관리자인 내가 마감 시간을 정해주는 것보다 스스로 마감 시간을 정해서 질문을 해주는 구성원들과 함께하고 싶습니다. 그런 사람이 10년 뒤 회사의 중추적인 인재가 되어 있습니다."

관리자의 지시에 이유나 변명을 대지 않고 '언제까지 해내야 하느냐?'를 질문에 담을 줄 아는 말투가 긍정적인 평가를 얻는 지름길이다. 그러면 자신의 시간을 상당 부분 지킬 수 있다.

지시에 긍정적으로 답하면 그 긍정 속에서 자신의 시간을 보호할 여유를 갖게 된다. 괜한 신경전에 이것도 아니고 저것도 아닌 시간을 보내는 사람보다, 시간에 민감해 빠르게 긍정하는 사람에게 성공이라는 과실이 더 쉽게 주어진다는 얘기다.

직장 생활을 하면서 깨달은 것이 하나 있다. 남이 마감일을 제시하면 의욕도 없을 뿐더러 결과물도 형편 없는 경우가 많다는 것이다.

하지만 내가 먼저 마감일을 정하는 경우엔 주체적으

로 일하려는 생각이 든다. 주도적인 입장에 서면 일의 효율이 그만큼 커진다는 뜻이다. 상사가 어느 정도를 예상하든 업무량과 시간을 내가 먼저 제시하라는 얘기다.

한 게임 회사의 부장으로부터 이런 말을 들은 적이 있다.

"나는 업무 단위마다 중요도를 매깁니다. 그리고 그것들의 중요도에 따라 조금 타이트하게 마감일을 설정합니다. 상사들의 지시나 내가 부하 직원에게 지시한 내용 등 모든 업무에 대해 그렇게 합니다. 그러면서 의식적으로 마감 시간을 절대 넘기지 않으려고 노력하죠. 상사들이 언제까지 하라고 했다고 그때까지 질질 끌면서 결과물을 제출하고, 자기 할 일을 다 했다고 생각하면 잘못한 겁니다."

솔직히 나는 이 사람의 말을 듣고 나의 업무 태도에 대해 반성했다. 마감을 회사에서 정해준 시간까지 마무리하면 되는 것으로 착각했기 때문이다. 게임회사 부장은 이렇게 말을 맺었다.

"회사에서 언제까지 하라고 하는 업무는, 그때까지 완결된 결과를 보자는 것이지 내 마음대로 만들어낸 미완의 업무 결과를 보자는 게 절대 아닙니다."

이것이 바로 그가 마감 시간을 실제 마감보다 당겨 잡는 이유이기도 하다. 그래야 피드백을 받아서 내용을 수정 보완하여 더 나은 결과물을 도출할 수 있기 때문이다.

우리의 일상도 마찬가지이고, 말투도 예외가 아니다. 하나하나의 일에 마감 시간을 부여해서 결과물을 만들어내는 습관을 가져야 한다. 그래야 우왕좌왕하지 않고 일을 끝낼 수 있고, 중언부언하지 않고 말을 마칠 수 있다.

앞에서 주절주절 말을 하면 주접이 된다고 했는데, 이는 말투에도 마감 시간이 필요하다는 표현과 같은 맥락의 문장이다. 한마디 말을 하더라도 정해진 시간 안에 또박또박 이어가는 당신이 되기를 바란다. 그런 사람의 10년 뒤를 상상해보라.

**SPEECH EDITING**

말투에도 마감이 필요하다. 한 마디 말을 하더라도 정해진 시간 안에 또박또박 이어가는 핵심 정리의 달인이 되자. 그런 사람이 10년 뒤에 세상의 중추적인 인재가 되어 있을 것이다.

# ❹ 문제를 끝까지 잘 듣고 답하라

### 끝까지 들어주는 태도가 중요하듯이

수험생들의 필수품 중에 '오답 노트'라는 것이 있다. 시험에서 자주 틀리는 문제만 모아 틀린 이유를 분석한 후에 다시 실수를 하지 않도록 하려는 묘안이다.

오답 노트를 사용하는 사람들이 이구동성으로 하는 말이 있다. 틀리는 문제 중에서 상당수가 답을 몰랐다기보다는 문제를 끝까지 읽지 않아서 틀렸다는 것이다.

'문제를 끝까지 잘 듣고 답하시오'라는 말은 괜히 하는 게 아니다. 예를 들어 운전면허 시험 문제 중에는 '아닌 것이 아닌 것은?'이 있다.

'부정의 부정은 긍정'이라는 말도 있듯이 아닌 것이 아닌 것은 맞는 것을 고르라는 뜻인데, 이를 '아닌 것'까지만 읽고는 답을 말하니 문제인 것이다.

출제자는 무슨 의도로 이런 문제를 낼까? 응시자를 장난스럽게 골탕 먹이려는 의도가 아니라 끝까지 잘 듣고 답하라는 뜻이 담겨 있는 게 아닐까? 그렇게 교통신호나 법규도 끝까지 보고 판단하라는 의미가 담긴 게 아닐까?

대화에 있어서도 '문제를 끝까지 잘 듣고 답하는' 원칙은 중요하다. 직장에서 흔하게 빚어지는 갈등은 대부분 상대의 말을 끝까지 듣지 않는 데서 일어나는 경우가 많기 때문이다.

상대의 말을 끝까지 들어주는 것만으로도 문제가 해결된다는 것을 알아야 한다. 상대의 말을 잘 듣지 못하면, 내 소중한 시간을 이중으로 낭비하고 결국 내 삶에 불편함을 가져온다.

어느 대기업의 부장과 대화를 나누다 깜짝 놀란 적이 있다. 직원 중에 나쁜 말투를 가진 사람을 말해주었는데, 나의 대화 습관과 너무나 유사했기 때문이다.

"이따금 보면 유독 도움을 주기 싫은 직원이 있어요. 잘 모르면서 아는 척하는 사람이죠. 하나부터 열까지 말하려는 회의에서 셋 내지 넷 정도를 말하고 있을 때 중간에 말을 가로채는 직원이 있어요. '그건 지난번에도 말씀하셨어요. 이미 잘 알고 있습니다'라는 식으로요. 그럴 땐 얼굴이 후끈거리고 자존심이 상해요. 그렇게 중간에 불쑥 나서서 말을 자르는 등 내가 말을 할 때 받아들이는 자세가 삐딱한 사람을 보면 더 이상 기대하지 않게 됩니다."

사람들은 저마다 자기만의 말투를 가지고 있다. 결론을 처음부터 말하는 사람도 있고, 나중에 마무리로 말하는 사람도 있다. 중요한 것은 자신의 대화법과 맞지 않더라도 끝까지 들을 줄 알아야 한다는 것이다. 그게 상대에 대한 예의다.

물론 사회에는 별의별 사람이 있다. 입만 열면 자기 자랑을 늘어놓는 젊은이, 3분만 말해도 될 것을 1시간씩 질질 끄는 사람, 온갖 수식어를 갖다 붙이며 유식함을 드러내려는 꼰대들이 그들이다.

끝까지 참고 듣는다는 것은, 그야말로 인내를 요하는

일이다. 그럼에도 상대방의 말을 묵묵히 들어주는 태도는 중요하다. 상대가 하려는 말의 결론이 당신이 짐작한 내용이 아닐 확률이 높기 때문이다.

그뿐만 아니라 자기가 하던 말의 중간을 잘리거나 이의를 제기받고 기분 좋을 사람은 어디에도 없다. 거꾸로 남의 말을 끝까지 들어주는 사람은 어디서나 환대를 받는다.

## 당신은 21세기의 문맹자가 아닌가

시험문제를 풀 때 질문의 마지막 물음표까지 음미하며 읽는 것이 중요하듯이 누군가와 소통에 성공하려면 끝까지 들어야 한다. 중간에 말을 끊지 않고 끝까지 듣고서 나중에 내 말을 하는 여유가 필요하다.

물론 쉽지 않다. 이미 자신의 역할을 당당하게 해내고 있고, 인정도 받고 있는 사람이라면 상사나 동료, 후배의 말을 끝까지 듣기가 어려운 경우가 분명히 있다.

그럼에도 그들이 그렇게 말을 하는 데는 다 이유가 있다고 겸손히 받아들이자. 게다가 당신의 위치와 경험에서는 절대 알지 못하는 어떤 이유가 있을지도 모른다.

영화배우들에겐 액션만큼이나 리액션이 중요하다고 한다. 액션이 제대로 빛을 발하려면 리액션이 도와줘야 한다는 뜻이다. 말도 마찬가지다. 토크가 있으면 반드시 리토크(re-Talk)가 있어야 한다.

끝까지 들으라는 조언이 마치 조직에서 하위에 있는 구성원들에게 국한되는 이야기라고 착각하는 상사들도 있을지 모른다. 절대 아니다.

혹시 당신이 조직에서 리더의 역할을 하고 있다면 끝까지 듣는 경청의 태도는 더 중요하다. 업무상 많은 회의를 주재하는 중견 기업의 한 임원은 회의실에 들어가기 전에 마음속으로 복창하는 게 두 가지 있다고 한다.

"말수를 줄이자!"
"목소리를 낮추자!"

이렇게 다짐하는 이유는 단 하나, 직원들의 이야기를 더 많이 듣기 위해서란다. 그럼에도 회의가 시작되면 자기도 모르게 화가 나는 경우가 많았다고 한다.

그래서 마음속 다짐에만 그치지 않고 아예 회의 자료

위쪽에 '말수를 줄이자!', '목소리를 낮추자!' 이 두 가지를 먼저 메모해둔다고 한다. 그렇게 해놓고는 뭔가 불쑥 말을 하고 싶어질 때는 두 문장에 시선을 두며 자신을 다독거린다고 한다.

20세기의 문맹자는 글을 읽지 못하는 사람이지만, 21세기의 문맹자는 상대방의 마음을 읽지 못하는 사람이라는 말이 있다. 당신은 혹시 상대방의 말을 알아듣지 못하는 '21세기형 문맹자'가 아닌가?

이 물음은 어쩌면 당신의 겸손함이나 공감 능력을 묻는 것일 수도 있겠다. 공감이란 상대의 상황에 대한 이해다. 미국의 작가 올리버 웬델 홈스는 이렇게 말한다.

"말하는 건 지식의 영역이지만, 경청은 지혜의 특권이다."

잘 듣는 것이 진정으로 지혜로운 자의 모습이라는 뜻이다. 그러니 항상 자신에게 이렇게 물어보자.

"나는 잘 듣고 있는가?"

**SPEECH EDITING**

20세기의 문맹자는 글을 읽지 못하는 사람이지만, 21세기의 문맹자는 타인의 마음을 읽지 못하는 사람이다. 상대의 말을 알아듣지 못하고 공감 능력도 없는 '21세기형 문맹자'가 되지 않도록 하자.

# ❺ 우리가 알아야 할 커뮤니케이션 파워

**다음 무대를 기약하는 말투 편집**

테레사 수녀는 1910년에 출생하여 1997년에 사망한 인도의 수녀. 1950년에 인도의 콜카타에서 '사랑의 선교회'라는 천주교 수녀회를 설립했고, 그 이후 45년간 선교회를 통해 빈민과 병자, 고아, 그리고 죽어가는 이들을 위해 인도와 다른 나라들에서 헌신했다.

테레사 수녀는 가난한 이들을 대변하는 인도주의자로 활동한 공로로 1979년 노벨 평화상을 수상했다. 그분의 말씀 중에 이런 게 있다.

"당신을 만나는 모든 사람이 당신과 헤어질 때, 더 나아지고 더 행복해지도록 하세요."

나는 과연 나와 헤어진 사람들이 나를 행복하게 기억하도록 말해왔을까? 테레사 수녀의 말씀 중에는 소통의 비밀이 숨어 있다. 커뮤니케이션에서는 '다음 무대(next stage)'를 바라볼 수 있어야 한다는 게 그것이다.

멋지게 말투를 편집하여 내가 원하는 것을 얻어냈다고 끝나는 게 아니다. 그보다 더 중요한 것은 마무리로, 헤어짐의 순간에 인상 깊은 무엇인가를 남겨야 한다. 그래야 다음 무대를 기약할 수 있다.

어떻게 말을 할 것인가? 한 마디로 '감사'다. 상대방으로부터 뭔가를 얻어냈다면, 예의를 잃지 않아야 하고 여기에 더해서 감사의 뜻을 표해야 한다. 다 끝났다면서 상대에 대한 관심과 이해를 멈추는 순간 더 이상의 인간관계는 이어질 수 없다.

말투 편집에서 가장 어려운 부분은 무엇일까? 새로운 사람을 만나서 마음의 벽을 허무는 과정일까? 뭔가 신선한 이슈를 제기하는 방법일까? 치열한 논리 싸움일까?

어느 하나도 만만치 않지만, 나는 개인적으로는 마무리가 가장 어려웠다. 수많은 협상과 설득의 과정에서 마지막 순간에 어긋나서 내가 원하는 것을 얻지 못하는 경우가 많았다. 예전에 이런 일이 있었다.

**나** : 이제 계약하시죠.

**상대** : 잠깐만요. 저희 상무님한테 오케이 사인은 받았지만……, 제가 확인할 게 있어서요.

**나** : 뭐라고요? 지금 여기서 이러시면 제가 곤란한데요. 상무님도 허락하신 거니까 그냥 가시죠?

**상대** : 죄송합니다만, 제가 실무자입니다.

**나** : 그럼 어떻게 해야 할까요?

**상대** : 우선 계약서에 기재된 단가에서 3퍼센트 추가 인하가 가능한지 확인해주십시오.

**나** : …….

계약 마무리 단계에서 단가 인하 가능성을 확인해달라는 말은 처음부터 다시 논의하자는 얘기여서 당황했다. 여기서 나는 더 이상 참지 못하고 화를 벌컥 내고 말았다.

대화란 얼마든지 새로운 방향으로 진행될 수 있다. 대화 방향을 전환할 여지를 허락하지 않았던 점이 문제였음에도, 나는 그 사실을 인정하지 않았다. 그때 나는 왜 그랬을까?

이유는 간단했다. 이미 협상 과정에서 내가 가진 카드가 전부 노출된 상태라고 생각했기 때문에 거기서 밀리고 싶지 않았던 것이다.

"이거 너무 하신 거 아닙니까. 윗분이 전부 오케이를 한 상황에서 지금 이렇게 하시면 제가 뭐가 됩니까?"

그 이후에 어떤 일이 있었는지에 대해서는 더 이상 말하고 싶지 않다. 지금 생각해봐도 그때의 내 말투는 독선적이고 형편없었다. 상대의 갑작스런 반론에 너무 당황하기도 했지만, 그런 상황에서 내가 좀 더 유연하게 대처하지 못한 것이 너무 창피했다.

## 상대를 일회성으로 보지 마라

비즈니스 대화에서 제일 중요한 것은 상대방을 일회성의 인물로 보지 말아야 한다는 것이다. 한두 번의 만남에서 대화가 많이 오고 갔다면, 더욱 그렇다.

협상을 하다 보면 갈등하는 과정을 거치게 된다. 그럴수록 말을 조심해야 한다. 내 입장을 지키는 신중함에다 상대를 배려하는 말투가 두루 포함되어야 한다.

막판의 작은 말실수가 치명적인 결말을 불러올 수 있고, 오히려 반대로 엉망이 된 관계도 상대에게 전달하는 감사의 말 한마디로 역전이 되는 경우도 있다.

A라는 사람의 이야기다. 그는 부서 이동에 따라 2년 이상 파트너십을 형성했던 다른 회사의 팀장과 작별 인사를 하게 되었다. 그간의 노고에 대한 감사의 뜻으로 작은 선물을 하나 들고 갔고, 그 회사의 팀원들과도 일일이 작별 인사를 했다.

A: 그동안 도움 주셔서 고맙습니다.

B: 예, 다른 업무를 맡으시나 보네요.

A: 네, 그동안 정도 많이 들었는데 아쉽습니다.

B: 당신 때문에 우리는 고생이 너무 많았습니다. 다른 부서에 가서는 그러지 마세요.

A: …….

그들 사이에 무슨 일이 있었는지는 자세히 알지 못하지만, 그리고 A가 100퍼센트 잘못을 저질렀다고 해도 마지막 순간까지 이렇게 저주를 쏟아내야 했을까? 응원을 해줄 수는 없었는가? A는 찝찝한 마음으로 돌아섰다.

그런데 이렇게 헤어진 두 사람이 1년도 안 되어 다시 만나게 되었다. A의 후임자가 예전보다 못한 실적을 내면서 나온 결과였다. A가 다시 나타났을 때, B의 표정은 어떠했을까?

세상은 생각보다 훨씬 좁다.

"다음부터는 그렇게 행동하지 마세요!"

이렇게 떠나는 사람의 등에 대못을 박지 않고 다르게 말했더라면 어땠을까?

"너무 아쉽습니다. 잘해드렸어야 하는데, 많이 부족했습니다. 다음에 만날 때는 서로 멋진 모습으로 만났으면 좋겠습니다."

이렇게 배려와 겸손, 서로 감사의 말투가 섞인 인사를 했더라면 어땠을까? 꼭 어떤, 인간관계의 이익만 따지지 않더라도, 말투의 편집은 중요하다. 이 사례는 말투 편집의 필요성을 다시 한 번 느끼게 한다.

## SPEECH EDITING

비즈니스 대화에서는 상대를 일회성으로 보지 않는 게 중요하다. 소통을 하다 보면 갈등 과정을 거쳐야 한다. 그럴수록 말을 조심해야 한다. 신중함 과 배려의 말투를 잊어서는 안 된다.

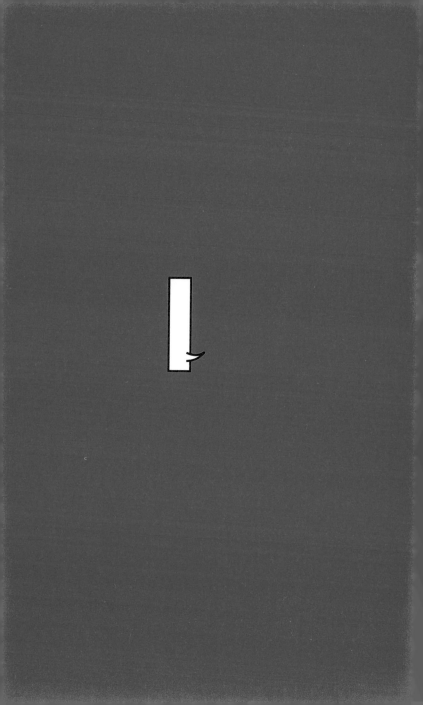

# 말투의 편집

**초판 1쇄 발행** 2020년 9월 25일

**지은이** 김범준

**펴낸이** 조미현
**책임편집** 김솔지
**디자인** this-cover.com

**펴낸곳** (주)현암사
**등록** 1951년 12월 24일 (제10-126호)
**주소** 04029 서울시 마포구 동교로12안길 35
**전화** 02-365-5051 **팩스** 02-313-2729
**전자우편** editor@hyeonamsa.com
**홈페이지** www.hyeonamsa.com
**ISBN** 978-89-323-2084-7(03190)

이 도서의 국립중앙도서관 출판예정도서목록(CIP)은 서지정보유통지
원시스템 홈페이지(http://seoji.nl.go.kr)와 국가자료공동목록시스템
(http://www.nl.go.kr/kolisnet)에서 이용하실 수 있습니다.
(CIP제어번호 CIP2020038405)